トヨタグループ
で学んだ誰にでも伝わる

図解資料作成術！

デンソーテクノ株式会社

森川翔

自由国民社

は じ め に

**話すのが苦手な技術畑の自分が、
プレゼン研修の講師を務められるようになるまで**

本書に興味を持って頂き、ありがとうございます。

「言いたいことを理解してもらうのに時間がかかってしまう」
「説明しても相手が分かってくれない」
「そもそも人に説明するのが苦手」

このように感じることはありませんか？
　また、昨今では新型コロナウイルスをはじめとする感染症を回避するため、オンラインでのコミュニケーションが主体となってきました。
　紙やホワイトボードを使う機会が少なくなり、パワーポイントなどでつくったデジタル資料を見せながら説明するオンラインプレゼンが主流となり、説明資料の分かりやすさを期待する声も少なくありません。

　申し遅れました。
　私はトヨタグループ傘下、デンソーテクノ株式会社に所属するエンジニア森川翔です。

　今では会社の研修講師（図解資料のつくり方を教える講師）を育成できるようになりましたが、技術畑の私は入社当時プレゼンも資料づくりも上手とは言えませんでした。
　新入社員向けにプレゼンをする機会が幾度となくありましたが、そもそ

も言いたいことを上手く言葉にできていなかったのです。

　プレゼン講座などを受けても感触をなかなかつかめなかったそんな私が変われたのは、トヨタのグループ会社が主催する「ロジカル思考」を学ぶ研修を受講したからです。そこでは「話の内容を図解するテクニック」を懇切丁寧に教えてくれていました。図解とは、言いたいことを整理し、図として解説することです。

雨垂れ石を穿つ
　軒下から落ちるわずかな雨垂れ（水滴）でも、長い間同じところに落ち続ければ、ついには硬い石に穴をあけるといった意味のことわざ。

文章の説明

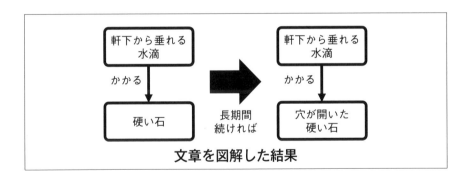

文章を図解した結果

　その講座では、「ことわざの意味を分かりやすく図解し、伝える」ということを受講者に練習させていました。

　図解を使った発表では、あまり説明しなくても図が語ってくれるので、説明の言葉がぐっと減ります。
　上手い図解であればあるほど見るだけで話の内容が分かりやすく頭に入っ

てきます。

　この経験から、説明資料が分かりやすければ、「伝わりやすいプレゼンができるようになるのではないか」と気付いたのです。

　この他にも、OJTソリューションズ著『トヨタ仕事の基本大全』（株式会社KADOKAWA）などいくつかの書籍やトヨタのグループ会社の研修で仕事改善のノウハウを学び、仕事の中で図解を使ったプレゼンの実践と改善を繰り返した結果、相手にとって分かりやすい図解は3つの視点があればよいということが分かりました。

● 言いたいことにムリがない：
　　話が脱線せず、言いたいことが明確である
● 説明にムダがない：
　　相手から見て理解に必要な情報のみ書かれている
● 言いたい立場にムラがない：
　　図の表現（形状や色合い、線の種類など）と意味が統一されている

　文章を図解しようとする場合、余計な言葉や脱線している話があると図に書き起こすことが難しくなり、図にできたとしても読み手が理解しづらいものになります。分かりやすい図解をつくることを求めれば言葉はシンプルである必要があるため、文章力がつき、ロジカルな説明ができるようにもなります。

　また、図解した資料をもとに話せばよいので、ムダに説明する言葉を減らせるのもメリットでしょう。

　私は未だに口下手ですが、それでも説明資料の「ムリ、ムダ、ムラ」を

なくすように心がけることで、自社内だけでなく、関係するグループ会社社員からも「分かりやすいプレゼンをありがとう」と言ってもらえることがあります。社内の信頼も得て、現在は会社から研修講師をいくつか依頼されるまでになりました。

　このように、「資料の分かりやすさ」は話し方を磨くことに匹敵する効果がありますので、是非読者の皆さんも取り入れてみてくださいね。

理工系や文系のように違う背景を持った人たちでも図解資料をつくれば共通理解を築ける

　私がデンソーテクノで講師を務めていた新入社員向けの研修では、理工系、情報系、さらには事務系の社員も混ぜてチームを組ませ、みんなの考えを図解でまとめ上げて説明させる教育を行っています。

実際の仕事ではいろいろな部署の社員が意見を言い合うことになるので、他部署の人とも話ができるように、図解で分かりやすくコミュニケーションをとる訓練をさせています。

　しかし、私がフォーマットとして提供する図解の「見本」を知って使うだけでは、十分に使いこなせずにコミュニケーションエラーが発生してしまうことがあります。

話が噛み合わない

　そのため、図解をするときは次のようなことを念頭に置くよう、受講生はレクチャーを受けます。

- ●分からない単語について、共通して使える言葉に落とし込む
- ●話の流れに沿って図解ができるよう、情報を順序良く整理する

　いろいろな人に理解してもらえる説明をするためには、単に図解を知識として覚えるだけでは不十分です。

分かりやすく説明するために必要な準備も含めて習得することで、はじめて相手に伝わる資料を作成することができます。

　ですから、読者が誰に対しても理解してもらえる図解ができるようになること、それが私の役目だと考えています。本書を読めば「分かりやすい説明」を意識した図解ができるようになることでしょう。

社内向け資料はトヨタにならい、相互理解はパワポ図解で解決！

　仕事の中で意外と時間をかけているのが説明資料の作成です。

　アニメーションを多用したプレゼンや枚数ばかり多い企画書・報告書をつくってしまいがち。資料の作成に時間がかかると、会議時間も比例して長くなってしまいます。そういった弊害があるため2008年頃、トヨタでは上司承認をもらうための説明資料などで、枚数が増えがちなパワーポイントを自粛させる動きがありました。

- ●作成時間のムダ
- ●読み手に費やさせる時間のムダ

　上記のようなムダを徹底的になくすため、パワーポイントによる資料で伝えることをやめて、紙1枚で伝えるようにしたのです。そうすれば、資料作成者が資料をつくる時間、読み手がそれを読んで理解を深める時間をともに短くすることができます。

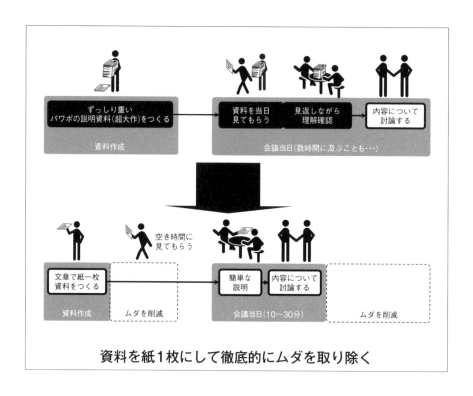

資料を紙1枚にして徹底的にムダを取り除く

　資料の枚数が減り、アニメーションなどをつくることでムダにする時間がなくなるだけでなく、紙1枚の資料であれば、相手に1分程度で目を通してもらえます。簡単な説明であれば「1分程度お時間もらえますか？」と上司にその場で話をして合意を得ることも可能となるのです。

　しかし、社外やグループ会社に向けて話のイメージ合わせが必要なプレゼンでは、資料の見せ方に工夫が必要です。

　仕事内容も用語の使われ方も全く違う人たちと会話する必要があるため、文章だけの資料をもとに話してしまうとコミュニケーションエラーが生じてしまい、かえって会議時間が伸びてしまうこともあるからです。同じ言葉でも違う意味に捉えられてしまい、共通認識を築くだけで何度か会議を開催する事態になってしまったケースもあります。

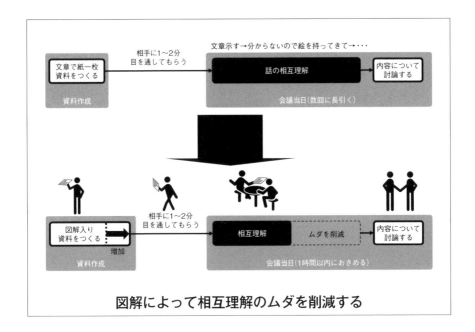

図解によって相互理解のムダを削減する

　相互理解を短時間で済ませることが重要になるため、説明がすっと入ってくる図を活用していくことが大事です。

　文章ベースで説明を考え、分かりづらいところはさっと図解、必要であればイラストを添える。

　そうすれば、必要最低限の手間で相互理解を促す資料を用意することができます。

　本書ではパワーポイントを使い、図解資料の作成術を紹介します。

　先ほど、パワーポイントは枚数を無限に増やせてしまう懸念があると述べましたが、この懸念はパワーポイントが幅広くいろいろなことができるようになっているのが原因です。道具を活かすかどうかは使い手や運用ルール次第ということです。

　「餅は餅屋」と言われるように、図解資料が作成できるソフトウェアとし

てはエクセルやワード以上に効率的な資料作成が可能となります。図を作成するだけならばビジオ（Visio）と呼ばれるソフトウェアもありますが、私は、パソコンへの導入も手軽で初心者にもやさしいパワーポイントを推奨します。

最近ではWeb会議などで説明する機会も多いため、パワーポイントで図解した資料1枚をホワイトボードがわりに使い、認識が違ったらその場で図の修正やコメントをさっと残しながら議論ができます。それにより、相互理解のコミュニケーションが各段にはやくなります。つまりパワポで図解資料がつくれると、オンラインコミュニケーションでもリアルなコミュニケーション（プレゼンや商談など）でも成果を上げることができるのです。

パワポの四角、丸、矢印を使って簡単に解決！

◆四角、矢印で図解する

情報をたくさん詰め込んでいる資料は、読み手を混乱させます。

「話の流れ」を意識して言葉を整理することで、長々と説明が必要な文章も字数を減らし、シンプルかつ見通しのよい説明資料ができます。

桃から生まれた男が鬼を退治する話の流れ
①昔、その男は桃の実から生まれた。

②裕福とはいえないが、幸せに暮していた彼は、鬼という生き物による村々への被害の深刻さを知ってしまう。そのため、彼は正義感の強さから旅立つことを決意した。

③道中、ともにたたかう仲間にも出会う。

④ついには鬼の居住区である鬼ヶ島に到着。問題なく鬼を退治することができた。

⑤村々に平和が戻ってきた瞬間である。

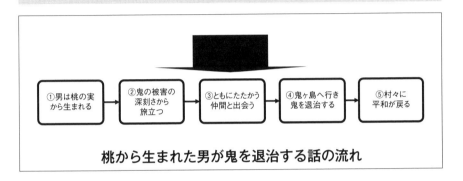

桃から生まれた男が鬼を退治する話の流れ

　いろいろな形状があっても混乱するだけなので、図解に使用する図形は四角、矢印だけで十分です。

◆四角、丸でつくったイラストを添える

　東京オリンピックでは競技内容を人間の絵文字（ピクトグラムと呼ぶ）で表していました。ピクトグラムは言語を介さなくても意味が分かる世界共通言語とも言われていて、上手く使えば資料の理解を高めることも可能です。

人のピクトグラムの例

　シンプルな人であれば、四角、丸2つの図形だけで簡単に作成することができます。字数を減らせる他、文章で表現しづらい細かいニュアンスを伝えることができます。

注意

重い荷物を持ち上げる際、
中腰や前かがみの姿勢では腰を
痛めてしまいます。

ひざを曲げ、できるだけ荷物に近づき
ひざの屈伸を使い持ち上げましょう。

　ここでは、荷物の持ち方について警告する資料を見てみましょう。

　できるだけ簡単に、それも悪い姿勢をとらないように注意したいはずです。

　しかし、文章ではどんな姿勢がダメなのかイメージがしづらくなり、忙しい人は見てくれません。

そこで、荷物を持ち上げる姿勢の比較を丸と四角だけでつくった人で示してみました。

　この資料が一枚あれば、どんな姿勢で荷物を持ち上げるべきか一目瞭然です。

　忙しいときにも目に入ってくるため、部屋の目に付くところに貼っておけば効果があります。

　資料の中で簡単なイラストが欲しいけれど、凝ったものは情報過多になったり、作成に時間がかかるため、さっと資料に使える絵文字がつくれると便利です。

　本書ではこういった伝わりやすい資料をつくるメソッドを公開していきますので、是非おつき合い下さい。

2022年1月吉日　森川翔

目　次

3章 状況に応じて使い分け！シート1枚で表現するシンプル資料10選 …111

4章 さらに伝わりやすく！四角と丸だけでつくれる魔法のイラスト …169

1章

伝わる資料は
誰でも簡単につくれる

文章だけでは知っている言葉でも
イメージされるものが違う

　木登りが上手な猿でもときには誤って落ちる。その道にすぐれた者でも、ときには失敗することがあるということのたとえとして、「猿も木から落ちる」という有名なことわざがあります。ところで、この「木」とはどの程度の高さですか？　葉っぱはどのような形ですか？　猿のいる位置は木のどこですか？

　「木」だけでも種類はおよそ10万種と言われており、日本だけでも多種多様な「木」が見られます。それなのに、「実際に描いてみてよ」と言われたら、戸惑いもなく何らかの「木」を想像して絵にすることができます。

　私たちはあたりまえに言葉のイメージを過去の記憶などから決めています。過去に違う「木」を見ていたら、想像できるものに違いがでてしまいます。そうなれば、「何について話をしているか」の前提が崩れてしまい、言葉の食い違いが発生することになります。

　次の例を見てみましょう。AさんとBさんが見ているものは、どちらも

「木」には違いありませんが、高さが全く違います。

　Aさんが見ている木はとても高い。「猿が落ちたら危ないよ」とBさんに話を持ち掛けたとしても、Bさんは「猿は低い木の上にいるから危なくない」と思っています。首をかしげながら「猿は落ちても大丈夫だ」と返され、会話が噛み合わないことが容易に想像できます。

　ビジネスシーンでも同じような問題は多いのではないでしょうか。
　自動車関係の設計現場では「システム」という言葉がよく使われますが、「ソフトウェア」を指したり、「マイコン」のことだったり「車」だったり様々な意味があります。そのため、作業工程や部署によって同じ言葉でも異なる使われ方をしています。

　「システム」の話をしているはずなのに違うことを説明し合い、相手の話を否定し合い、言いたいことが伝わらない。言葉で自分が考えていることを説明し合うだけで、ムダな時間を過ごした経験はありませんか？

文章だけでは
相手が知らない物事を説明する際に、
上手く理解してもらえない

　相手が把握していない状況や物事を伝えようとする場合には、文章だけでは話を理解してもらうことは難しくなります。

　例えば、交通事故の状況を人に説明する例ではどうでしょうか。

「コンビニの駐車場で車Ａがバックで出ようとした際、駐車場にスピードを出して侵入してきた別の車Ｂと衝突」

　まず、テレビのニュースキャスターがニュースのイントロで話すような説明をしてみました。

　ニュースを既に聞いた相手に伝える場合にはこれで十分です。しかし、説明相手が初耳である場合、この程度の情報では「車同士が何らかの原因でぶつかった」としか理解できず、事故の状況を把握できません。

　文章で細かく伝えようとすると、駐車場のサイズや出入口のレイアウト、衝突したときの運転手の姿勢など、必要なことを細かく長々と説明する必要があります。そして、説明された相手はたくさんの情報を頭の中でイメージすることを強いられます。

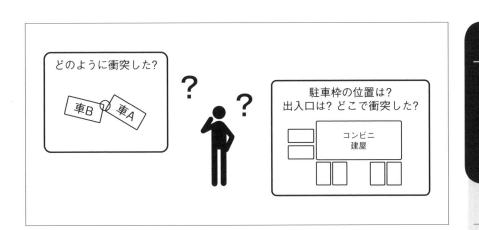

　伝えられた文章からイメージを膨らませていかなければならないため、文章が抽象的になったり曖昧になったり長くなったりすればするほど、人によってイメージするものが異なってしまいます。あまりに話が複雑なら嫌気がさして理解を断念してしまう人も出てくるでしょう。

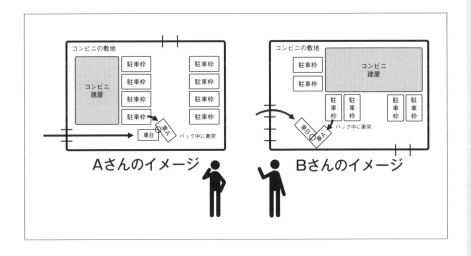

　相手の受け取り方が変わる情報は正しい理解への妨げになり、余計な時間を費やすことになります。

1
伝わる資料は
誰でも簡単につくれる

2
四角と矢印と線を使って
資料を見違えるほど
分かりやすくする

3
状況に応じて使い分け！
シート1枚で表現する
シンプル資料10選

4
さらに伝わりやすく！
四角と丸だけでつくれる
魔法のイラスト

図解を使えば言葉は
何倍にも分かりやすくなる

　文章だけで人やもの、出来事を正しく伝えるのは容易なことではありません。

　しかし、図を準備して見せながら話せば、認識のズレを最小限にすることができます。

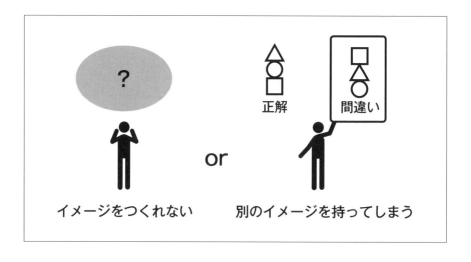

正解

間違い

or

イメージをつくれない　　　　　別のイメージを持ってしまう

　人は聞きなれない物事を説明されると、頭の中にイメージをつくれないのです。あるいは意図したものと別のものを想像してしまうこともあります。何かを説明する際、自分と相手で話の背景にあるイメージが合っていないと意味のない会話で時間をただムダにするだけです。イメージが違うこと自体を把握するのに時間がかかってしまいます。

　ところで、私が所属する会社では連休前になると事故防止のため、交通

安全教育が図や動画で実施されています。

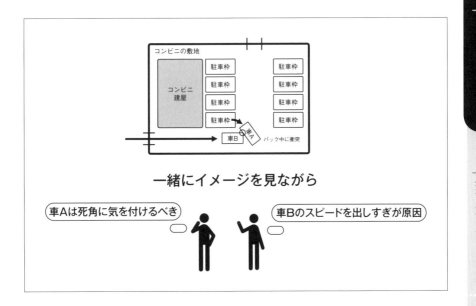

教育では、事故が起こった状況を最初に図で説明され、何に気を付けるべきだったのかを話し合います。

図を使った話し合いでは皆が同じイメージを持つことができるので、認識のズレが起こりません。

図解で示せば長い説明を覚えて整理しなくてもいい

長い説明が必要なケースも少なくはありません。人間関係を説明するときやビジネスモデルを説明するときです。

文章にして説明すると、相手は文章の内容を覚え、関係性を整理し、イメージ化する必要があります。

さらに、登場人物が多くなればなるほど、理解が難しくなり、頭で整理するのは大変になります。

結果、忙しい人には理解してもらえなくなります。

> 　BはAに○○し、CはAに△△する。そのとき、AはDへ□□するので、DはCに××する必要がある。
> 　結果、CはAに△△する。最後に、AはEへ◇◇する。

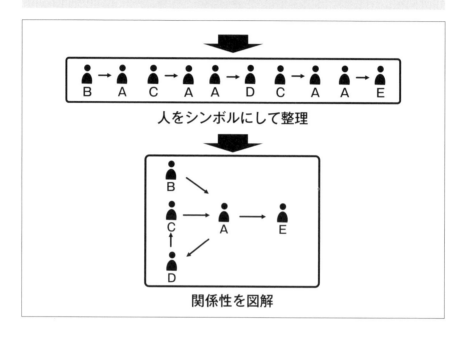

人をシンボルにして整理

関係性を図解

　相手に人やものの関係性を頭で考えさせなくても、図解することで、図を使って「秒」で伝えることができます。

　図では関係性を立体的に表現することができるため、複雑な話も聞いてもらいやすくなります。

図解で示せば冗長な表現が減って理解の時短になる

　文章の図解とは、文中の人やものと、その関係性を図で示すことです。

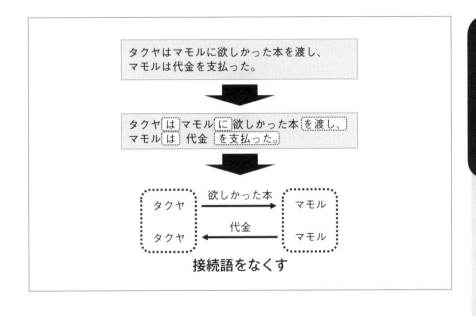

タクヤはマモルに欲しかった本を渡し、
マモルは代金を支払った。

タクヤ は マモル に 欲しかった本 を渡し、
マモル は 代金 を支払った。

欲しかった本
タクヤ → マモル
代金
タクヤ ← マモル

接続語をなくす

　まず、伝えたい文章から人やもの、関係性を図形として抜き出してきます。

　このとき、図解としての表現が不要になる接続語を排除しましょう。

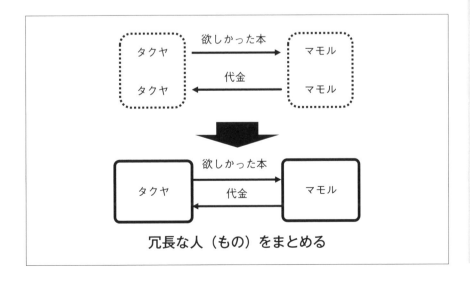

欲しかった本
タクヤ → マモル
代金
タクヤ ← マモル

欲しかった本
タクヤ
代金
マモル

冗長な人（もの）をまとめる

さらに、文章から抜粋した人や（もの）は重複したりして、冗長になっているのでひとつにまとめます。そして、図解ができあがります。

　過程を見て分かるように、字数が減って冗長な表現もなくなっています。

　読み手が理解しなければならない余計な情報が減るので、理解の時短につながります。

図解資料10選を使いこなすだけでいい

　文章といっても、手順の説明や用語の解説、人間関係、説明したいことは様々です。

　　私は日本に住んでいます。

　簡潔に述べられる文章であれば、文法がしっかりしていれば文章だけでも十分伝わります。

　　私の部署は、先行投資チームと、事業チームに分かれています。
　　先行投資チームは、今後必要になる新技術を獲得し、事業チームに提供することで支援をする役割です。
　　少人数で先進的な研究を行っているクライアントAに優秀なエンジニアを提供するかわりに最新技術の動向を得ます。
　　事業チームは先取りした新技術を武器に交渉し、市場規模の大きいクライアントBから仕事を一括で受注します。
　　仕事上の問題はただちに先行投資チームと共有し、問題解決の知恵を提供してもらいます。

　このように、仕事の順序や、人やものの関係性を説明するような文章は長くなりがちです。

　説明に適した図解をすることで、読み手にすばやく理解してもらうのが

ベストです。

　世の中には複雑な説明を分かりやすく説明するために、図解の種類がたくさんあります。

　知っている図解の種類を増やすことで対応できる説明の種類も増やすことができますが、その分、使いこなすのも難しくなります。

　そして、ことわざと同様に、覚えるだけでは意味や用途を理解していないので十分に使いこなせません。

　図解の種類は100種類にものぼると言われていますが、実は使用頻度の高い4種類が使いこなせるようになれば事足ります。

　派生するイメージも含めて図解10選を覚えておけば仕事では困ることは少ないでしょう。

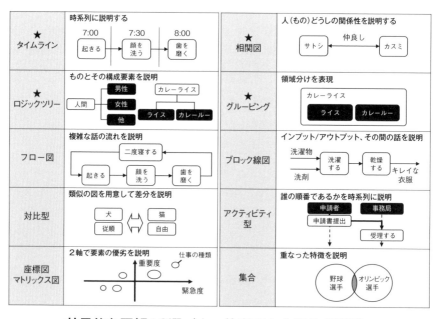

効果的な図解10選（★：仕事でよく使う4種類）

ところで、トヨタ生産方式は「ジャスト・イン・タイム」と呼ばれています。必要なものを、必要なときに必要な量だけつくる。生産現場の「ムダ・ムラ・ムリ」を徹底的になくし、よいものを効率的につくる考え方です。

　図解でも同様です。基本の図解方法を覚え、必要に迫られたときに図をカスタマイズできるように考えれば図解をムリなく扱えるようになってきます。まずは使える10選のパターンをマスターしてそこからカスタマイズしていけば「誰にでも分かりやすい」資料を作成できるでしょう。

　それぞれの使用する状況、使用の仕方は3章で説明いたします。

四角と丸と矢印を使うだけでいい

会議やプレゼンで資料を説明する相手はどんな人でしょうか。

資料作成において大切なのは、読み手の人物像を思い描くことです。

例えば忙しいビジネスシーンでは仕事に追われている人間が多いため、読み手の特徴はおおよそ以下の通りでしょう。

- 忙しい中、時間をとって会議に参加している上司
- 社外プレゼンでは面識のない第三者（取引先）が想定される

仕事関係者どうしの会議では、参加者は忙しい中わざわざ時間をとって会議に参加しているため、短く簡潔な説明が好まれます。

また、社外第三者へのプレゼンでは興味のない情報はスルーされます。

興味を引くよう、図解やイラストを駆使して話を聞いてもらうメリットを数秒で伝える必要があります。これらのプレゼンに共通して言えることは、スムーズに相手が理解できるようにムダのない見せ方をすることです。

図解は四角と矢印だけが基本

長くて読むのに時間がかかる文章は、図解によって冗長的な表現をなくして何倍にも分かりやすくすることができます。

しかし、ムダな表現が多くなってしまうとその効果は薄れてしまいます。

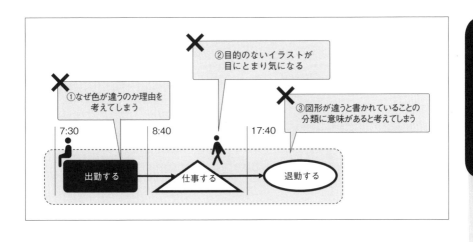

図解の例を使って、ムダな情報の悪さを見ていきましょう。

①の例を見てみましょう。無意味に図の色や形を変えてしまうことは、説明者が優秀な人間であればあるほど「何か隠された意味があるのではないか」と相手が勝手に深読みしてしまいます。

②③のように添えるイラストや図形も同様です。目的なくビジュアルのためだけにおいてしまうと、「これはどういう意味だろうか」と考えるムダが発生してしまいます。

一つひとつのタイムロスは小さいように思えますが、蓄積されると無視できなくなるのは容易に想像できます。

「これってどういう意味があるの？」と意味のない思考をする時間が起きてしまう資料はつくりたくないものです。

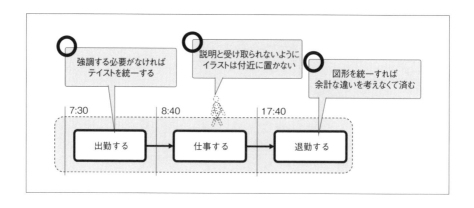

図解ではシンプルに作図することを心がける必要があります。

図中で登場する要素を明確に区別する必要がなければ、基本的には「四角」と「矢印」だけで表現ができるとベストです。

ミスリードするような情報がなくなれば、相手に本題の説明のみを簡潔に伝えることができるでしょう。

簡単なイラストは四角と丸でさっとつくる

説明を補足するイラストを添えると図解をさらにイメージしやすくできます。

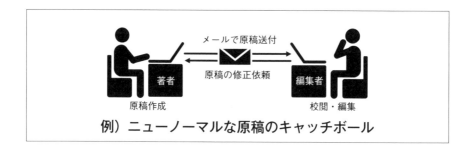

例）ニューノーマルな原稿のキャッチボール

相手がこれから説明する内容に馴染みがない場合、写真、イラスト、パ

ソコン画面のキャプチャなどを使ってイメージ合わせをすることが重要になってきます。イラストは簡単に見つかるフリー素材を手に入れるのが手軽ですが、説明の雰囲気にマッチするイラストをセットで揃えるには時間がかかります。

　そんなとき、手に入らない絵が簡単につくれるのであれば、時間のロスがなく資料作成に集中することができます。

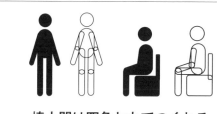

棒人間は四角と丸でつくれる

　図のようなピクトグラム（絵文字）は、作り方さえ知ってしまえば「四角」と「丸」で簡単につくることができます。

　つくりが極めてシンプルなため、イラスト利用者が立ちポーズから座っているポーズに変えることも容易です。

　マンガ調ではないため、どんな資料にも違和感なく使える他、イラストの使いまわしや派生したイラスト表現をつくることも簡単です。

　作り方に関しては後ほど4章にて説明します。

文字のみの資料と文字と図解を組み合わせた資料のビフォー・アフター

図解の効果を実際の説明資料を使って見てみましょう。

※写真はパブリックドメイン「https://publicdomainq.net/business-team-meeting-0026511/」

文章だけの資料（左図）

　文章だけで説明しようとすると言葉が長くなりがちな上、一文ずつ頭の中で読み解いていく必要があります。仕事では説明する相手が多忙なビジネスパーソンであることが多いため、長々と書いた文字だけでは嫌がられます。そのため、簡潔に伝えることが要求されます。しかし、文章を簡潔にしようとすると必要な情報も抜け落ち、口頭の説明などでカバーしないといけなくなります。

　情報が不足する資料を配布するわけにもいかないので、配布用とプレゼン用では情報量を分けて説明することも考えなくてはなりません。

文字と図解の資料（右図）

　同じ説明でも図解することによって文字数が少なくなりました。文章を読まなくてよくなった分、視覚的な情報がそれを補ってくれています。人間の脳は、「文字は左脳でひとつずつ読みながら記憶する傾向」があり、視覚的な情報は「カメラで写真をとるように右脳が瞬時に理解する」と言われています。

　文字は四角を使ってシンボルに置き換え、必要に応じて理解を助長する絵を置いてあげれば右脳で理解しやすい資料となります。図を見ただけで言いたいことが伝わるので、読み手は瞬時に話のシチュエーションをイメージし、要点を把握することができます。

　これ1枚で配布しても伝わりやすく、当日の説明も減らしてすぐ本題に入ることも不可能ではないでしょう。

分かりやすい資料にするには

　文章だけの資料では理解に時間がかかりますが、実は、図だけの資料でも分かりづらくなります。

　その図によって何を伝えたいのか、締めの言葉がないと意味がぼやけてしまいます。

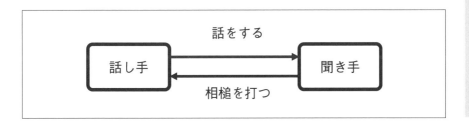

例では話し手と聞き手のやりとりが図解されていますが、それ以上のことは理解できません。

　この関係がよいことなのか、悪いことなのか、あるいは別の意味があるのか。図の結論を見た人にゆだねることになります。

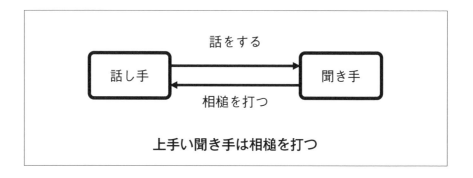

上手い聞き手は相槌を打つ

　次の図では、結論を図に添えることによって聞き手にフォーカスされ、意味がはっきりするようになりました。

　言葉には図の意味を伝えたい方向へ絞り込む働きがあります。

　図だけでは複数の意味にとれることが多いため、そばに言葉を添えてあげることによって「何が言いたいのか」をはっきりさせられます。

　話の内容は図解でさっと示し、言葉でコントロールする。このシンプルなルールを意識すれば、分かりやすい資料を作成することが可能です。

パワポで図解資料をつくると ワードやエクセルにも 簡単にはりつけられて便利

　パワーポイントは図形作成に関する機能が豊富なため、使いこなせれば視覚的に見せるプレゼン資料をすばやくつくることができます。ですから社外向けのプレゼンやカンファレンスのポスターセッションなど、フォーマルな場で使用する説明資料においては、パワーポイントで資料をつくるケースが多いでしょう。実はその特徴から、プレゼン資料向けだけでなく、図解資料をつくるためだけでもパワーポイントを活用することができるのです。

　仕事の中では、エクセルやワードを使った報告書もよく見られます。

　もちろんそれらにも類似の作図機能があります。しかし、図のサイズを揃え、位置合わせするような機能がないため、効率的に図をつくることには向いていません。

　他に、イラストを作成できる専用のソフトがいくつかありますが、機能が多岐にわたり初心者には難しく、忙しいビジネスパーソンが時間を割いて習得するのは難しいと考えられます。

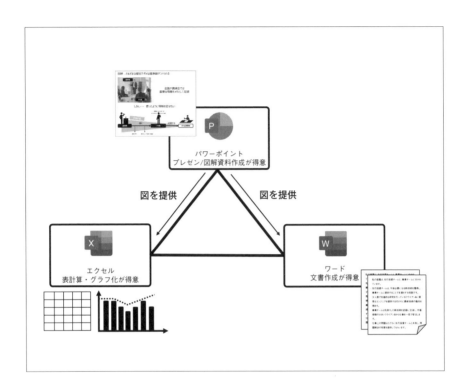

　その点、文字や図を使い分け、簡単に図解資料をつくれるパワーポイントは誰でも簡単に扱うことができます。

　図解資料の作成はパワーポイントが効率的なため、図を別ソフトの報告書などにはりつけるような使い方も容易にできます。

　作成した図をパソコンに画像ファイルとして保存できるのはもちろん、エクセルやワードなど同系統の Office ツール間であれば編集可能な図を提供し合うことができます。

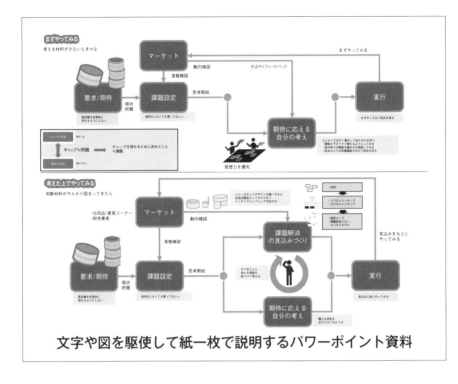

文字や図を駆使して紙一枚で説明するパワーポイント資料

　仕事で決められている報告書のドキュメント形態がどれになろうとパワポと組み合わることで資料作成を効率的に行えるため、他のソフトを使っていてもパワーポイントでさっと図解資料をつくれば修正も楽でメリットも大きいと言えます。

パワポでデジタル図解をはじめよう
紙やホワイトボードが使えない、そんなときはパワポで図解

　新型コロナウイルスが蔓延してからテレワークを推奨する会社も出てきました。紙やホワイトボードで議論することが難しくなり、モニター越しの打合せも少なくありません。音声とPC画面だけによる打合せも多く、PCカメラが使えても表情やジェスチャーも加えながら話すことも難しくなってきました。直接会って話をしていたときにはあたりまえにできていたことが通用しなくなりました。

　そのため、パソコン上の画面を上手く使い、説明することがより重要になってきました。

　例えばパソコン上で伝えたいことを図解する方法を使いこなし、短時間で意思疎通ができれば、離れた人とも同じ図を編集しながらコミュニケーションをすばやくとることができます。

　さらに、パソコン上で図をつくればコピーが簡単です。過去につくった図を変更してすばやく言いたいことを図解することができるので、慣れれば手で描くよりも質の高い資料を5分で準備することが可能になります。

　マイクロソフトから市販されている有名な資料作成ソフトの中で、パワーポイントはプレゼンや図解資料を作成するのに向いています。最近はオンラインショップでお手頃に手に入れることができる他、価格もビジネスパーソンにとっては負担にならない程度ではないかと思います。

　このパワーポイントを使って、図解資料づくりをやってみましょう。

ワード
文書作成が得意

エクセル
表計算・グラフ化が得意

パワーポイント
プレゼン/図解資料作成が得意

※尚、本書ではパワーポイント2019の画面を使って説明します。ご利用になるパワーポイントのバージョンによっては「機能の名称」が少し変わっている可能性があります。

図解の準備

まず、パワーポイントを起動して、図解に適した設定にしましょう。

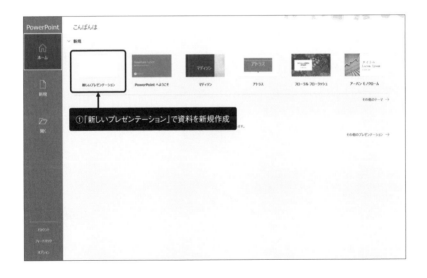

パワーポイントを起動し、新しいプレゼンテーションを作成します。

②資料作成画面になる

　開始すると、白紙が一枚配置された資料作成画面になります。

　図形の位置調整が簡単にできるようにするため、次の設定を行いましょう。

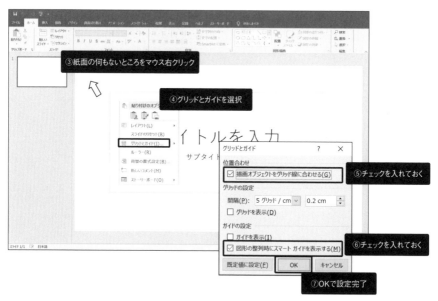

③紙面の何もないところをマウス右クリック

④グリッドとガイドを選択

⑤チェックを入れておく

⑥チェックを入れておく

⑦OKで設定完了

　以上で設定完了です。

「描画オブジェクトをグリッド線に合わせる」にチェックを入れていると、グリッドといわれる網の目状の薄いラインに図形を沿わせやすくなります。グリッドは「グリッドを表示」にチェックを付けないと表示はされません。

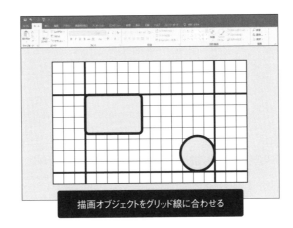

描画オブジェクトをグリッド線に合わせる

「図形の整列時にスマートガイドを表示する」にチェックを入れると、図形どうしを近づけると赤いガイドラインが表示されます。

ガイドラインのおかげで図形の位置を合わせやすくなります。

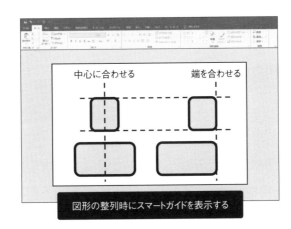

図形の整列時にスマートガイドを表示する

図形を作成する手順

パワーポイントで図形を書くまでの手順は、いくつかあります。

いろいろな方法を使いこなせば効率的に図解ができるようになります。

◆その1：「図形一覧」から図形を作成

パワーポイントの上には[ファイル][ホーム][挿入]などのメニューがあり、タブと呼ばれています。

タブから図形を選択し、図形をつくる通常の手順です。

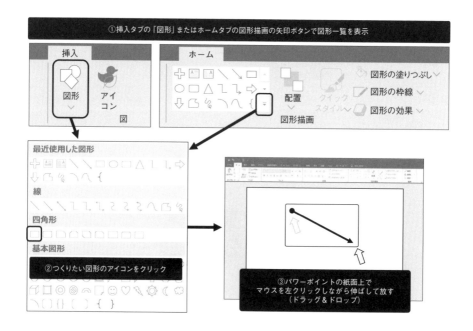

◆その2：「最近使用した図形一覧」から図形を作成

ホームタブには最近使った図形が並ぶパレットがあります。ここからも図形を選んでつくることができます。

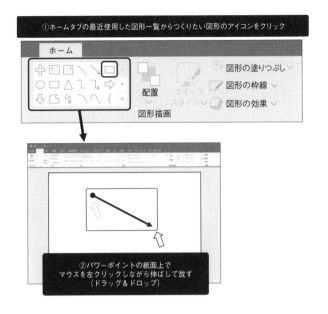

◆その3：「作成済の図形」からコピーして図形を複製

ひとつ図形をつくれば、マウス操作で複製することができます。

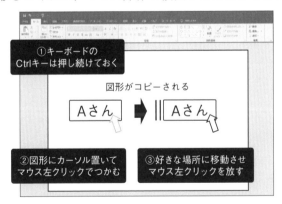

キーボードのCtrlキーを押した状態で、マウス（左クリック）で図形をつかみ、そのまま持って移動させます。

移動先でCtrlキーを押し続けたままマウスのクリックだけ放すと、同じ図形が複製されます。

この操作を応用することで、図形を複製し、すばやく図解資料を作成することができます。

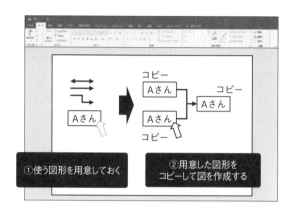

　いちいち図形一覧を開いて図形を作成しなくてよいため、通常の方法と比べてかなりの時短になります。

図形をつくる

　図解資料では、文章を「文字が書かれた四角」と「矢印」に整理します。図形をみつけてつくってみましょう。

　パワーポイントで四角をつくる場合は「正方形/長方形」のアイコンを図形一覧から選択してつくります。

　図形はマウス（左クリック）で選択でき、図形を選択した状態でキーボードを打つと図形の上に文字が書けるようになります。

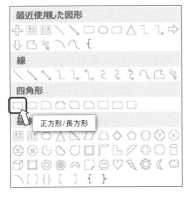

長方形をつくることができる

作成した図形を選択し、キーボードで文字を打つと
以降は字が書けるようになる

もう少し柔らかい印象を与えたい場合は「四角形（角が丸みを帯びたもの）」が便利です。

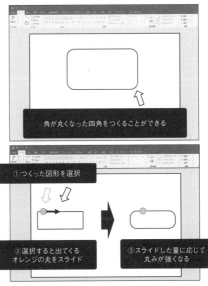

角が丸くなった四角をつくることができる

①つくった図形を選択

②選択すると出てくる
オレンジの丸をスライド

③スライドした量に応じて
丸みが強くなる

その他、人とものを区別したりなど図解するときに図形を変えたい場合があります。

　そんなときは丸をつかいましょう。

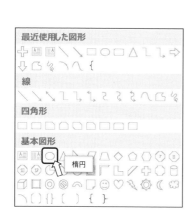

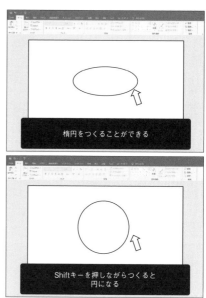

　図形の種類を把握して上手く使い分ければ、資料のテイストに合わせて図解資料を作成できます。

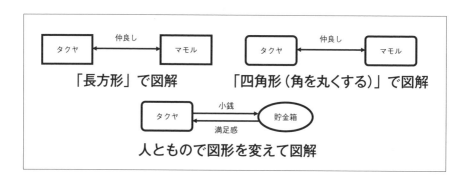

四角を矢印でつなげる

「文字が書かれた四角」ができたら、それらを線や矢印でつなげることで、関係性を表現することができます。

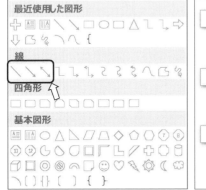

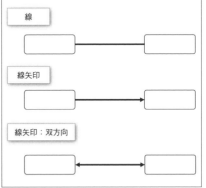

線種の使い方について詳しくは97ページで説明します。

矢印を引ける図形は3種類あり、図形と同じようにアイコンを選択して引くことができます。

Shiftキーを押しながら線を引くと、縦、横、斜めにまっすぐに引くことが可能です。

1
伝わる資料は
誰でも簡単につくれる

2
四角と矢印と線を使って
資料を見違えるほど
分かりやすくする

3
状況に応じて使い分け！
シート1枚で表現する
シンプル資料10選

4
さらに伝わりやすく！
四角と丸だけでつくれる
魔法のイラスト

①図形と同じようにつくれる

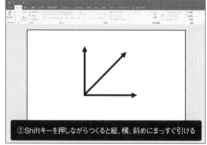

②Shiftキーを押しながらつくると縦、横、斜めにまっすぐ引ける

　線や矢印は作成してからでもShiftキーを押しながら両端どちらかを引っ張ると長さを変えることができます。

①Shiftキーを押しながら長さを整えて

②四角の間に置く

　Shiftキーを押しながら矢印を引っ張って長さを調節し、四角の間に置けば関係性を表現することができます。

　尚、四角と線を紐付けしないまま見た目上つなげてもよいですが、パワーポイントの図形にはコネクタという便利な機能もあります。

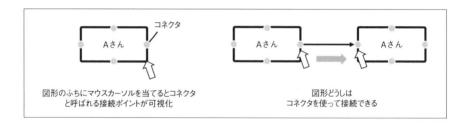

新たに線を引く際、次の操作で図形のコネクタに線や矢印を接続できます。

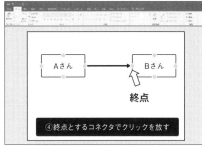

既に引いた線や矢印を図形のコネクタに接続するには以下のようにします。

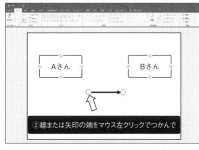

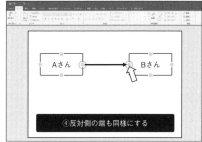

コネクタを使えば四角と線を接続することができるので、四角の位置を移動させたときに矢印も連動してついてきてくれます。

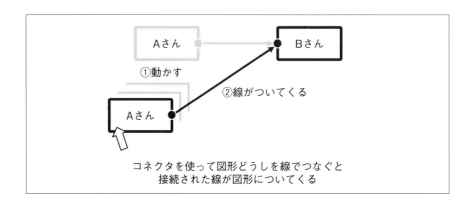

コネクタによって2つの図形の接続を前提とした線や矢印もあります。

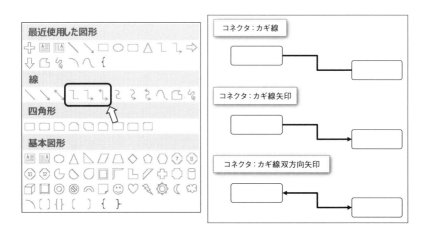

これらは途中で折れ曲がっているので、2つに分岐するような図解をする場合に使うことになります。

文字を添える

矢印に書く文字を添えるにはテキストボックスを使います。

図形をつくるのと同様、自由に文字を書くための透明な図形を作成することができます。

図形と矢印のテイストを変更する

パワーポイントのホームメニューなどにはフォントや図形のテイストを変更できる機能があります。

図形や矢印を選択したときに、選択した図形に対して様々な変更をすることができます。

※一部の機能は、図形にカーソルを合わせて右クリックして出てくるメニューにもあります。

図形の場合

　四角の色や枠線の太さなどを変えたい場合には四角を選択し、パワーポイント上のホームタブのメニューなどから「図形の塗りつぶし」を選択して色を変えることができます。「図形の枠線」では四角の枠のテイストを変えられます。

　パワーポイントではテキストも図形扱いなので、同じ手順でテイストを変更することが可能です。

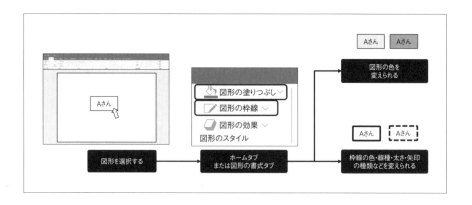

　四角に書いた文字の色やフォントもホームタブから変えることが可能になっています。

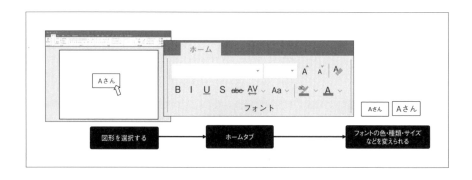

線や矢印の場合

線や矢印は、矢印の方向も含めてカスタマイズすることができます。

既に引いた線や矢印を選択すると、パワーポイント上のホームタブのメニューなどから「図形の枠線」を選択して線のテイストを変更することができます。

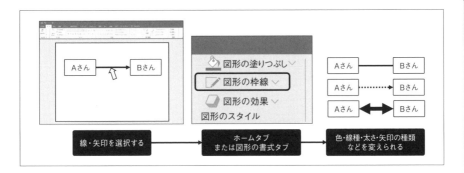

Tips：図形を一瞬で一列に整列させる

いちいち図形を並べるのが手間なときがあります。

パワーポイントでは図形を一瞬で整列させる機能があります。

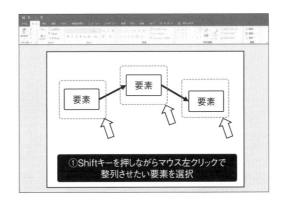

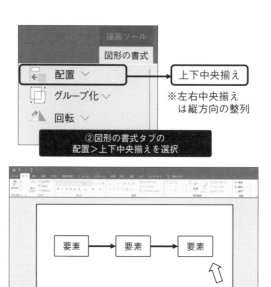

②図形の書式タブの
配置＞上下中央揃えを選択

③要素の上下位置が揃う

　以上の手順で要素の配置を揃えることができ、煩わしい位置合わせをし
なくて済みます。

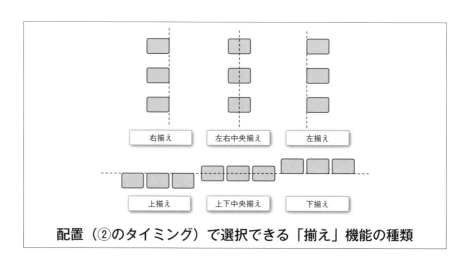

配置（②のタイミング）で選択できる「揃え」機能の種類

Tips：図形操作の早見表

本書で最低限必要な図形の操作を早見表としてまとめてあります。

戸惑わずに以下の操作ができるようになれば、パワーポイントで図解資料を作成するスピードを各段に上げることが可能です。

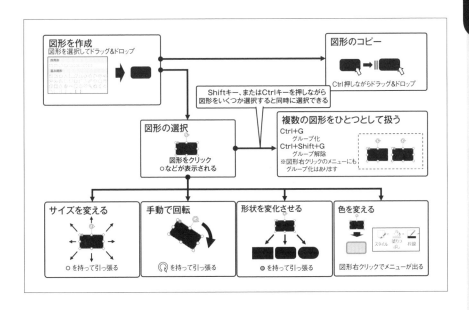

Tips：図形どうしをつなぐコネクタを増やす方法

パワーポイントの図解ではコネクタを使って図形と矢印を紐づけておくと便利です。

一方、図形あたりのコネクタの総数が少ないため、活用できないシーンが多々あります。

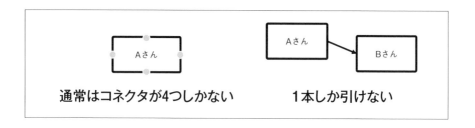

通常、四角にはひとつの面につきひとつのコネクタしかありません。人やものの関係性を示すような図解の際には1本しか接続することができません。この問題については様々な対策が考えられていますが、本書で推奨する一例を紹介します。

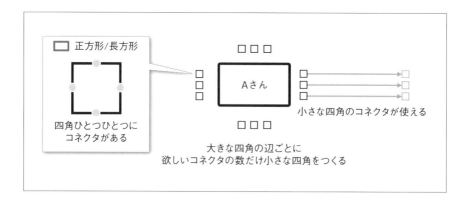

　図形間を複数の線でつなぎたい場合、例えば図のように小さな四角を使う方法があります。

　図形の大きさに関わらず、四角形一つひとつにコネクタが付いています。

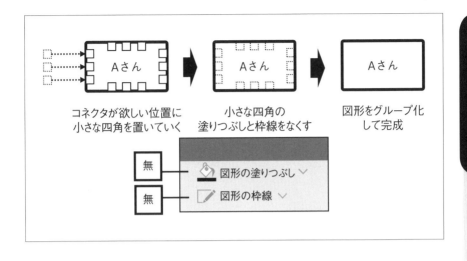

　小さな四角をつくって大きな四角の周囲に置き、目立たない色にして図形全部をグループ化すると、小さな四角がコネクタになります。これで、小さな四角の数だけ複数の線を接続することができるようになります。

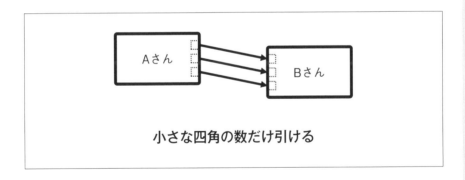

　一度つくってしまえば複製して使えるため、結果的にコネクタが使えるようになるメリットの方が大きくなります。

Tips：見栄えのよい図解をするコツ

図解では見た目やテイストも重要になります。2種類の図解を見比べて
みましょう。

乱雑な図解に対して、キレイに整えた資料は読み手への気遣いが感じら
れ、一段階上質に見えます。第三者にプレゼンするようなシーンでは見栄
えのよい図解を心がけていきたいものです。

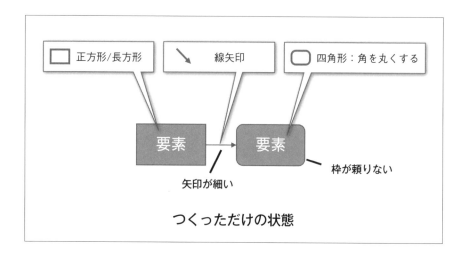

しかし、パワーポイントをインストールした時点の初期状態では、つく
れる図形や矢印のバランスが悪く、見た目もよくありません。

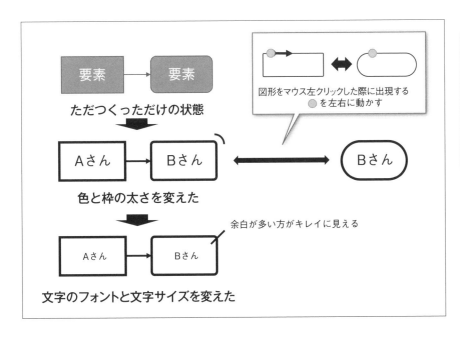

図形をマウス左クリックした際に出現する
●を左右に動かす

ただつくっただけの状態

色と枠の太さを変えた

余白が多い方がキレイに見える

文字のフォントと文字サイズを変えた

　例えばシンプルで読みやすいデザインにするには、以下のことを押さえてテイストを変えればOKです。

- 色は「白」「黒」などで揃えるとシンプルになる。
- 矢印や枠線を「太め」に設定すると図の骨格がしっかりして輪郭がキレイに見える。
- 図形の角を丸めるときには「少し丸める」程度。あるいは「最大まで丸める」とメリハリが出て見栄えがよくなる。
- 図形の文字は「明瞭なフォント」を選び、ある程度の「余白をとる」ように文字サイズを揃えると読みやすくなる。

2章

四角と矢印と線を使って
資料を見違えるほど
分かりやすくする

本章では、伝えたい言葉から

最も基本的な話の流れを図解する方法を

段階的に説明します。

言葉を整理しよう

　図解で伝えるとしても、文章で伝えるとしても、言葉とその目的が整理されていないと相手に伝わりません。

　自分が言いたいことは時系列なのか、人間関係なのか、大小関係なのか。「話の流れ」をしっかりと把握し、流れに沿うように説明を考えることで順序立てた説明ができるようになります。

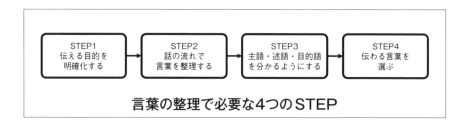

言葉の整理で必要な4つのSTEP

STEP1　伝える目的を明確化する

　当然ですが、プレゼンでは相手に伝える必要がないものは説明する必要がありません。

　言いたいことを最初に整理し、取捨選択した上でSTEP2以降へ進みましょう。

　日々の仕事の中で、「この情報は特に必要ない」と、上司から指摘を受けたことはないでしょうか。

　説明したいと自分が思っている言葉は、おそらく大事な情報です。

　しかし、聞き手の立場から見て知る必要のない情報が入っていると、相

手を混乱させることになります。

　長々と話を聞いた結果、理解が必要なのは一言で済む話だった。聞き手からすると、そんなことも少なくはありません。

　桃太郎が鬼退治に行く昔話で例えてみましょう。

　鬼を退治することを達成するために、お供を集めて成功率を高めることは必要な過程として語られます。

　しかし、すべてのストーリーをリアルに描きだすと、「茶店に寄って休憩する」、「お手洗いに行く」など本題とはあまり関係のないエピソードが入ってくるかもしれません。「桃太郎が鬼退治する」という目的には関係がない説明であるため、通常は省略されます。

相手に伝える文章の例1

> AさんはK社に入社し、営業部に配属されました。
> 先月、私と同じ企画部に異動となりました。
>
> そのため、Aさんは企画書の作成には不慣れです。
>
> Aさんが考えた企画書を私が受け取り、アドバイスをします。
> 内容がOKであれば、私から企画会議に提出します。

　例では、「私がAさんの考えた企画書に対してアドバイスする」仕事の流れを相手に説明しています。

　アドバイスする必要がある理由に「Aさんには企画部にいた経験がない」、「Aさんは企画書作成に不慣れである」があり、第三者にも知ってもらう必要があります。そのため、文章すべてが説明に必要な材料となっています。

相手に伝える文章の例2

> Aさんはκ社に入社し、営業部に配属されました。
> 先月、私と同じ企画部に異動となりました。
>
> Aさんは企画部に配属されたばかりで、企画書の作成には不慣れです。
>
> Aさんは先日風邪を引いたので、私が代理で企画書を作成しました。

　次は、私がAさんに代わって企画書を作成したことを説明しています。
　ただし、Aさんのキャリアから現在の状態までを日記のように書いてしまった例です。
　「Aさんと私は同じ企画部」、「Aさんは先日風邪を引いた」の2つがあれば、「私が代理で企画書を作成した」の理由を述べることができます。

相手に伝える文章の例2（説明に不要な部分を取り除いた）

> Aさんは先日風邪を引いたので、同じ部署の私が代理で企画書を作成しました。

　このように、「Aさんのキャリア」や「Aさんが企画書作成に不慣れな点」は、「私が代理で企画書を作成した」理由として必要ないのですべてカットし、伝えたいものだけを残してスッキリさせることができました。

　そもそも説明する必要のないものをわざわざ図解して分かりやすくする必要はありません。
　不要な説明はカットして、次のSTEPに進むようにしましょう。

STEP2　伝えたい内容を「話の流れ」で整理する

何らかの状態の変化があってはじめて図解をすることができます。

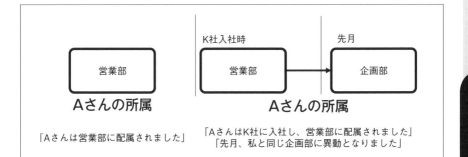

「Aさんは営業部に配属されました」

ひとつの状況や状態はひとつの四角で表現できます。

しかし、このままでは状態に変化がないため、図解で表現をしなくても伝わりますね。

「AさんはK社に入社し、営業部に配属されました」
「先月、私と同じ企画部に異動となりました」

このように状態の変化が起きると、ある四角から次の四角に状態が変わったことを矢印で示すことができます。

例の場合、矢印は時間経過を示しています。

このように、時間経過や状態の変化などの「話の流れ」が存在する文章については矢印を使って図解することが可能です。

主流な「話の流れ」には「時間」「ポジション」「レベル」の3種類があります。

　本章ではこの3つを題材に、図解の方法を伝えていきます。

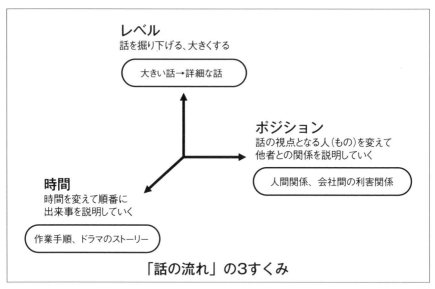

「話の流れ」の3すくみ

話の流れ	説明の例
時間	● K社に入社する ● 営業部に配属になる ● 先月から企画部へ異動する
ポジション	● Aさんは私に企画書の確認依頼 ● 私は書き方のアドバイスをする ● 企画書の内容に問題なければ、私が審査会に提出し審査してもらう
レベル	● 私とAさんはJグループ内のK社に勤めている ● 2人ともK社内の企画部に所属している

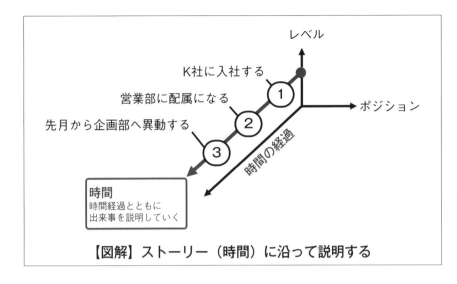

【図解】ストーリー（時間）に沿って説明する

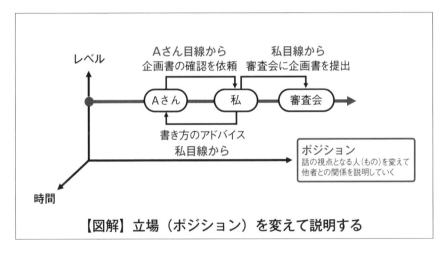

【図解】立場（ポジション）を変えて説明する

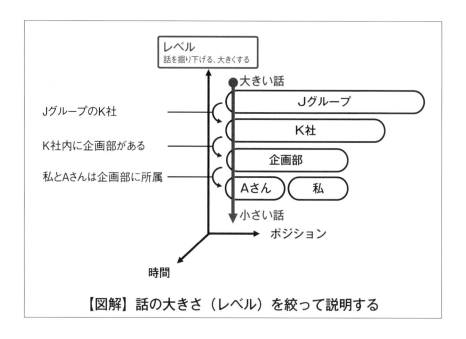

【図解】話の大きさ（レベル）を絞って説明する

　時間はいつの話をするのか明らかにし、ポジションは誰の目線で話をするのかを決め、レベルは言いたいことの範囲を絞って、説明をします。

　そしてこの3つには密接な関係があります。

　例えば、Aさんのキャリアを時系列に説明している最中、Bさんのキャリアが混在していると意味が分からなくなります。

　時間の流れで説明する場合、レベルは「Aさんの会社内の話」、ポジションは「Aさん目線」のように固定し、時間経過に沿って「Aさんのキャリア」を説明する。このように3つの状態を意識しながら、どちらに矢印を伸ばして説明したいかを考えると、「話の流れ」がブレなくなります。

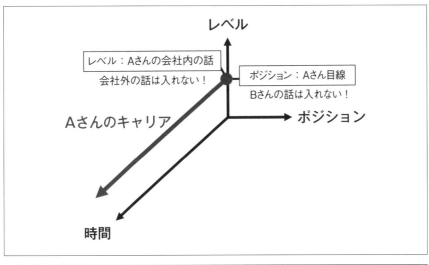

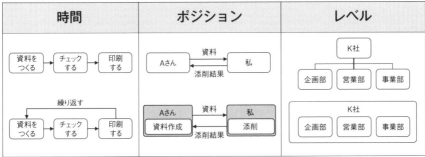

3つの「話の流れ」を図解したときのイメージ

　図解したときの完成図は、「話の流れ」に応じて変わってくることになります。

　何か説明したいことがあるとき、まずはどんな「話の流れ」で整理するのかを意識してみましょう。

◆説明したいことを「時間」で整理する

　作業の順番や出来事を時系列に説明するときは、言葉を「時間」で整理します。

言葉が①②③の部分を説明できるとき、「時間」で整理できると言えます。

時系列で整理した情報

Aさんのキャリア
　①K社に入社する
　②営業部に配属になる
　③先月から企画部へ異動する

時系列の説明例

AさんはK社に入社し、

営業部に配属されました。

先月、私と同じ企画部に異動となりました。

図解したイメージ

◆説明したいことを「ポジション」で整理する

人（もの）と人（もの）の関係や受け渡しを説明するときは、言葉を「ポ

ジション」で整理します。

　また、ビジネスにおいてものや金がどう流れていくかを説明することも
あります。

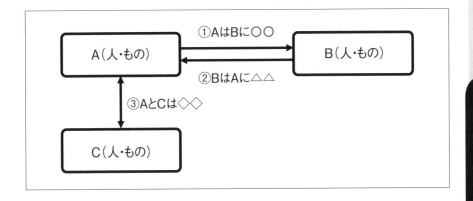

　言葉が①②③の部分を説明できるとき、「ポジション」で整理できると言
えます。

関係で整理した情報

- ●Aさんは私に企画書の確認依頼
- ●私は書き方のアドバイスをする
- ●企画書の内容に問題がなければ、私が審査会に提出し、審査しても
  らう

関係の説明例

　Ａさんは私に企画書の確認依頼をして、私は書き方をアドバイスします。

　企画書の内容に問題がなければ、私が審査会に提出し、審査してもらいます。

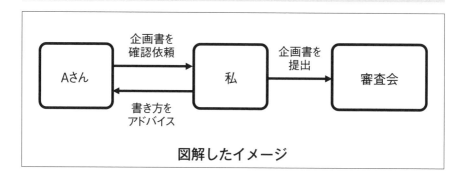

図解したイメージ

◆説明したいことを「レベル」で整理する

　家具の中の椅子、Ｂ事業部の中のＡさんなど、話を掘り下げる、グルーピングする必要があるときは「レベル」で整理します。

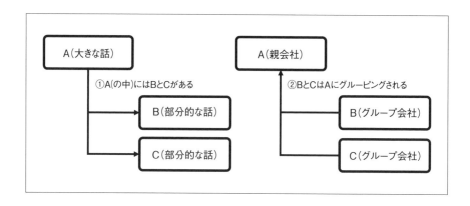

言葉が①②の部分を説明できるとき、「レベル」で整理できると言えます。

レベルで整理した情報

Jグループ
　K社
　　企画部
　　　私
　　　Aさん

レベルの説明例

私とAさんはJグループ内のK社に勤めており、
2人ともK社内の企画部に所属しています。

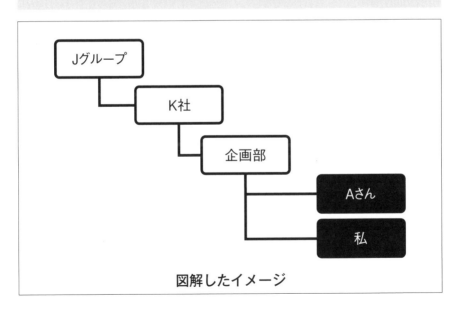

図解したイメージ

◆話の流れが混在している場合

伝えたい言葉の中に別々の要素が混在しているときがあります。

別々の要素が混在した文章の例

　Aさんは私に企画書の確認依頼をして、私は書き方をアドバイスします。

　企画書の内容に問題がなければ、私が審査会に提出して審査してもらいます。

　審査会提出の約1週間後、審査会から申請者である私に結果が通知されます。

　私は結果に対して所見を追記し、Aさんへ返却します。

　本文は「ポジション」を意識した「話の流れ」になっていますが、「審査会提出の約1週間後」という言葉の前後で1週間経過していることが確認できます。つまり、「時間」の要素が混在していることが分かります。

　時間の違う話の内容を混在させるわけにはいかないので、まずは「時間」で図解できるように文章を整理します。

　その中で、時間で分けた文章ごとに「ポジション」で整理するようにします。

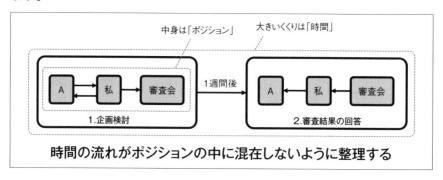

時間の流れがポジションの中に混在しないように整理する

文章整理した例

> 1. 企画検討
>
> 　Aさんは私に企画書の確認依頼をして、私は書き方をアドバイスします。
>
> 　企画書の内容に問題がなければ、私が審査会に提出して審査してもらいます。
>
> 2. 審査結果の回答　※ 審査会提出の約1週間後
>
> 　審査会から申請者である私に結果が通知されます。
>
> 　私は結果に対して所見を追記し、Aさんへ返却します。

　「時間の流れ」が混在しないよう、見出しを「時間」、本文を「ポジション」の話の流れで整理しました。

　文章の時点で「話の流れ」を分けて整理しておくと、見出しだけ取り出して「時間」で図解するなど、対応する図解イメージを考えるだけでよくなります。

STEP3　主語・述語・目的語を分かるようにする

　人やものの関係性を説明したい文章では、「誰（何）が」（主語）「誰（何）に対して」（目的語）「何をする」（述語）が判断できるようにしておきましょう。STEP2までに整理した説明したい事項へのチェックとして確認しましょう。

悪い例

　Aさんは私に企画書の確認依頼をして、私は書き方をアドバイスします。

　企画書の内容に問題がなければ、私が審査会に提出して審査してもらいます。

良い例

　Aさんは私に企画書の確認依頼をして、私は（Aさんに）書き方をアドバイスします。

　企画書の内容に問題がなければ、私が（企画書を）審査会に提出して審査してもらいます。

　曖昧な部分があると人やものの関係を図解するときに不明点が出てきます。できるだけクリアにしましょう。

STEP4　伝わる言葉を選ぶ

　自分の中で使っている言葉は、実は一般的ではなく分かりづらいかもしれません。

　自分だけが知っている言葉なのかどうか確認をしない資料は、「言いたいことだけ言っている」資料であって「伝わる」資料になっていないことを理解しましょう。

　言葉を整理した後、相手にとって理解できそうな単語になっているかを確認します。

想定する相手や会議体を想定した場合、どうすれば伝わるかを考えて使いましょう。

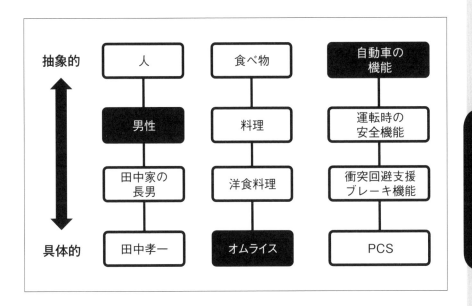

自社で使っている専門用語を分かりやすくするためには段階的に考えるとよいかもしれません。

誰でも分かる言葉から自社で使っている言葉まで一旦棚卸しし、相手が理解しやすい言葉で説明すると、相手も理解がしやすくなります。

また、どうしても自社で使っている言葉を使わざるを得ないときは、しっかりと説明を加えましょう。

例えば下記の図のようにひとつずつ段階をふんでいくと分かりやすいです。

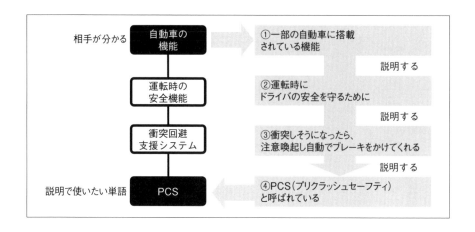

説明の例

> 「①一部の自動車に搭載されている機能で、②運転時にドライバの安全を守るため、③衝突しそうになったら注意喚起してブレーキをかけくれるものを④PCS（プリクラッシュセーフティ）と呼んでいる」

　同じ資料内で、このように説明をしておきます。

　読み手の理解度に応じて、例えば①や②の文を読み飛ばして③④を理解できるなど、柔軟な用語説明ができるというわけです。

言葉から「要素」と「関係」を抜き出そう

　図にするときに不要となる接続語や「〜です」「〜ます」などの丁寧語の言葉を外し、説明に最低限必要な構成要素を抜き出します。つまり、文章を説明する「要素」と「関係」を抜き出します。

　「要素」は最小単位の話題の対象、「関係」は「要素」どうしがどのような関係にあるかを説明するものです。

　話の流れの違いによって文章の整理方法も変わります。

　また、図の用途を明らかにするため、「この文章で説明したいこと」を決めておきましょう。

　図解のタイトルとなるものです。

「時間」の場合

出来事やすることなどを「要素」、時間の経過を「関係」として分解します。

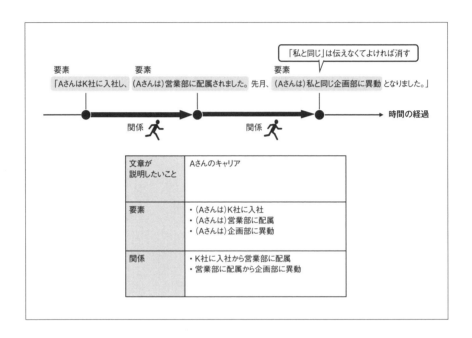

「ポジション」の場合

誰（もの）を「要素」、やりとり・感情などを「関係」として分解します。

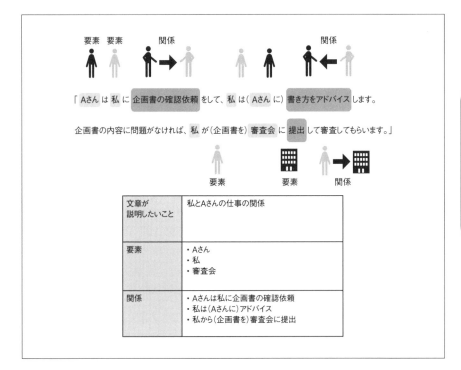

「レベル」の場合

　誰（もの）を「要素」、含む・含まれるなどの大小関係を「関係」として分解します。

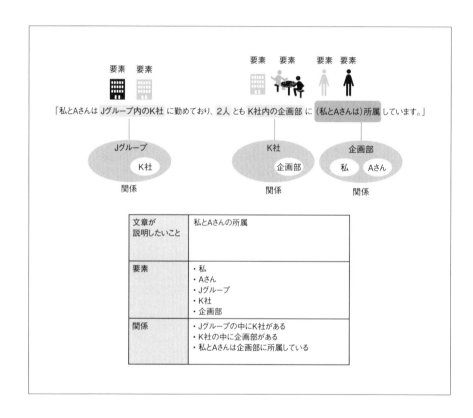

「要素」と「関係」で図解しよう

「要素」と「関係」を使って、次の手順で図解することができます。

図解の進め方

文章を「要素」と「関係」に分解できれば、後は図解するだけです。

「要素」を囲んで図形化する

要素を四角で囲み、シンボルを作成します。

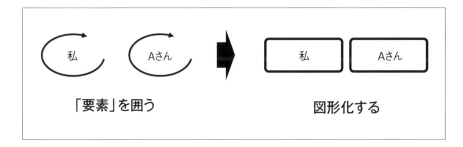

文字は図形として捉えることができるようになり、要素間の関係性は図形どうしの関係として記述できるようになります。

「要素」を「関係」でつなぐ

図形になった「要素」と「要素」を「関係」でつなぎます。

「関係」は矢印と文字で表現します。

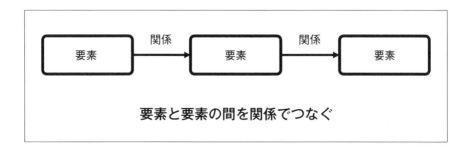

要素と要素の間を関係でつなぐ

　このとき、レイアウトは読み手の視線の動きを意識するようにします。
　左が過去で、右が未来など、人は無意識に位置関係を定めていて、マーケティングの業界では「目線はFやZのように動く」とされています。相手が読む順序に合わせ、読んでほしい順番に要素を並べていくと分かりやすくなります。

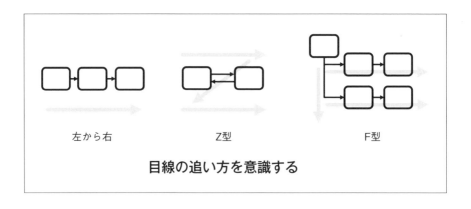

目線の追い方を意識する

　レイアウトを意識しながら、要素どうしを関係の矢印でつなげれば図解できます。

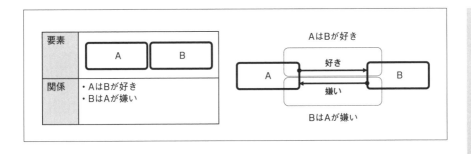

例えば「AはBが好き」の場合、AがBに対しての感情を示すため、AからBへ矢印を伸ばします。

「BはAが嫌い」は反対側の矢印になります。

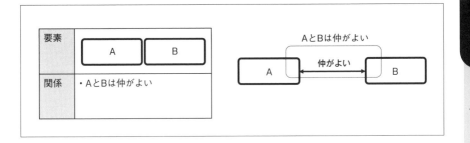

双方向の関係であれば、矢印1本で表すこともできます。

四角を矢印でつなげて話の流れを説明しよう（タイムラインを書こう！）

図解の際、時間で整理できる文章は、タイムラインと呼ばれるレイアウトで図解します。

過去から未来へと時系列のストーリーを説明できます。仕事のキャリアや作業工程、会社のロードマップを描くときにも使えます。

文章例

> 　AさんはK社に入社し、（Aさんは）営業部に配属されました。先月、（Aさんは）私と同じ企画部に異動となりました。

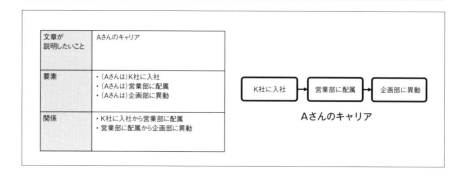

　主語がすべて「Aさんは〜」の場合、タイトルに「Aさんのキャリア」と書けば分かるため省略することが可能です。

　見れば誰でも分かる余計な情報は読み手の負担になるので、できるだけ書かないようにしましょう。

　タイムラインの図解では、矢印の上に何も言葉を書いていません。

　左が過去で、右が未来。相手は無意識に時間経過を読み取ってくれるので、矢印に何も書かなくても理解してもらえます。

　でも、説明の中で「要素」がどのタイミングの出来事なのかを説明することはよくあります。

　そんなときは背景に時間の情報や年表を添えれば分かりやすく伝えることができます。

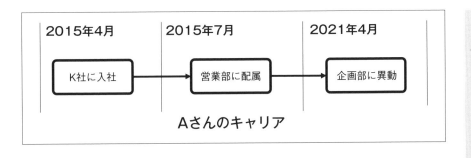

Aさんのキャリア

四角を矢印でつなげて人やものの関係を説明しよう（相関図を書こう！）

ポジションで整理できる文章は、主に相関図と呼ばれるレイアウトで図解します。

ビジネスシーンで人やものの関係を説明する機会は多く、仕事上の人間関係だけでなく、複雑なビジネスの仕組みを可視化するときにも活用できます。

例

Aさんが考えた企画書は私が受け取り、（私からAさんへ）アドバイスをします。内容がOKであれば、私から審査会に（企画書を）提出します。

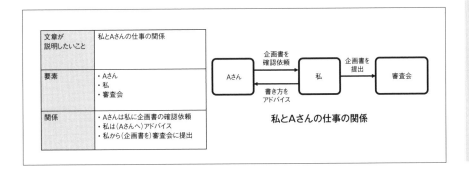

私とAさんの仕事の関係

例では「Aさん」と「私」の間の関係を説明した後、右の「企画会議」へ進む話の流れです。

「要素」と「要素」の関係を言い切ってから次の相手との関係を言いたい場合、「しゃくとりむし」のような目線で読むことになります。

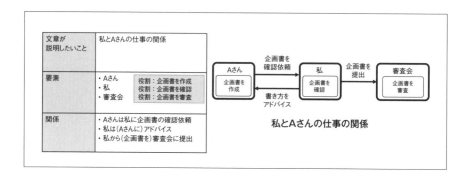

要素ごとに役割を解説したい場合、「要素」の中に説明を付け加えると「誰なのか」や「役割」が分かりやすくなります。

どこまで説明したいのかで使い分けましょう。

四角をつなげて階層構造をキレイにつくろう（ロジックツリーを書こう！）

レベルで整理できる文章は、主にロジックツリーと呼ばれるレイアウトで図解できます。

樹木が幹から枝分かれしていくように、ある物事や問題を要素ごとに分解する際に使用できます。ものや会社組織の構成を分かりやすく示すだけでなく、仕事などで発生した問題などを項目ごとに分解して説明するのに向いています。

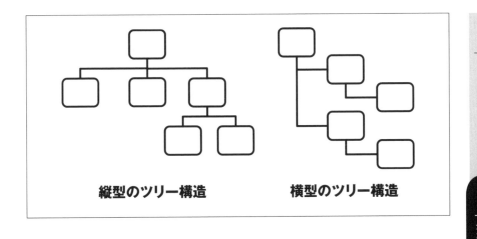

縦型のツリー構造　　　　横型のツリー構造

ロジックツリーは左から右、または上から下に流れる図をつくります。

どちらも特に用途によって使い分ける必要はないので、使いやすい方を選んでください。

例

> 私とAさんはJグループ内のK社に勤めており、（私とAさんは）K社内の企画部に所属しています。

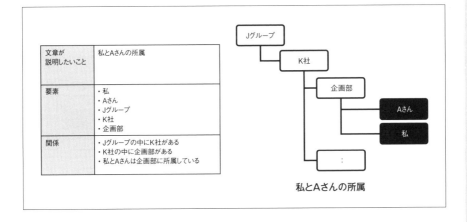

文章が説明したいこと	私とAさんの所属
要素	・私 ・Aさん ・Jグループ ・K社 ・企画部
関係	・Jグループの中にK社がある ・K社の中に企画部がある ・私とAさんは企画部に所属している

私とAさんの所属

網羅的に説明しなくてよいのであれば、「：」のように省略する表現をとってもよいでしょう。

　ロジックツリーでは全体と部分や、上下関係、所属関係を示すことができます。関係が影響を与え合うわけではないので、矢印の方向がありません。また、ロジックツリーは要素のレイアウトのおかげで関係が目に見えて分かるので、線上に言葉を書く必要もなくなります。

大きい四角を小さい四角で囲ってみる（グルーピング、固まりを表す）

◆レベルでグルーピングする

　レベルで整理できる文章はロジックツリーの他、グルーピングで表現することが可能です。

例

　私とAさんはJグループ内のK社に勤めており、（私とAさんは）K社内の企画部に所属しています。

文章が説明したいこと	Jグループ内の私とAさんの所属
要素	・私 ・Aさん ・Jグループ ・K社 ・企画部
関係	・Jグループの中にK社がある ・K社の中に企画部がある ・私とAさんは企画部に所属している

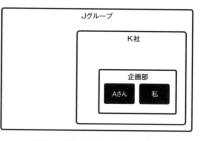

Jグループ内の私とAさんの所属

◆ポジションをレベルでグルーピングする

相関図の中で、「要素」をグルーピングして整理することができます。

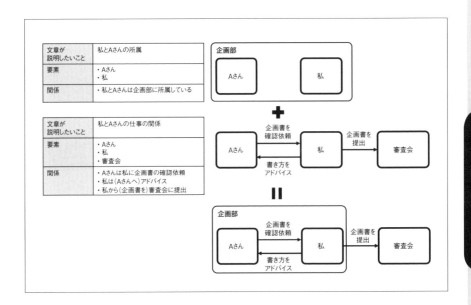

グルーピングすることでバラバラと要素が散在することを防止します。さらに、一部だけ説明したいときも説明範囲を取捨選択しやすくなります。

図解を一段と分かりやすくする

　文章を図解することで相手に伝わりやすくなります。ミスリードさせないために、もう一工夫してみましょう。

線種が同じ矢印の意味が途中で変わらないように注意する

　矢印が示す「話の流れ」は一種類に決まるよう、注意する必要があります。

　「ポジション」を説明する相関図は「レベル」を説明するグルーピングと上手く組み合わせができます。矢印は「ポジション」、枠は「レベル」と明確に定義が区別されているので、矢印が示す「話の流れ」は「ポジション」と一意に決まります。

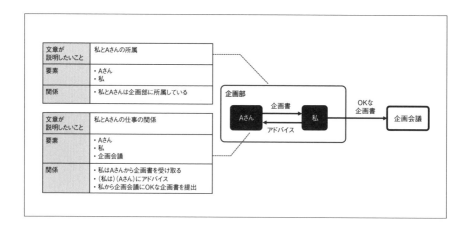

同じ説明をするとき、グルーピングからロジックツリーに変えた場合を作成してみましょう。

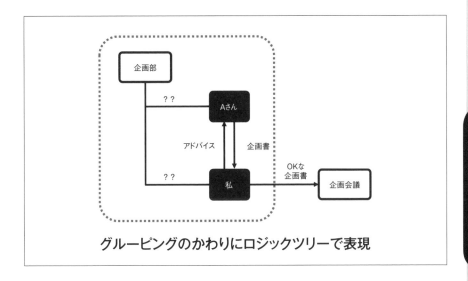

グルーピングのかわりにロジックツリーで表現

矢印が表している「話の流れ」が途中から変わってしまいます。これでは「Aさん」や「私」が企画部に所属しているのではなく、企画部との相関関係が示されているようにも誤解されてしまいます。

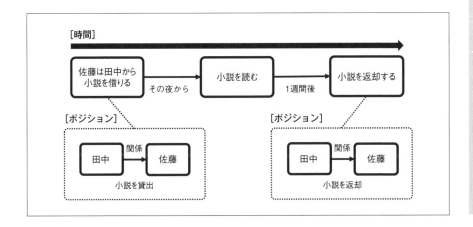

誤解を避けるためには、図のように矢印の意味が変わるようなところは図解を分けるようにすると効果的です。

　矢印の形状が同じでも別の絵として認識されるため、誤解がなくなります。

　「時間」と「ポジション」が混在する図をどうしても1枚で表したい場合、別の解決策として、「話の流れ」を2軸にしてしまう方法があります。

　縦方向を「時間」、横方向を「ポジション」とした「アクティビティ型」です。

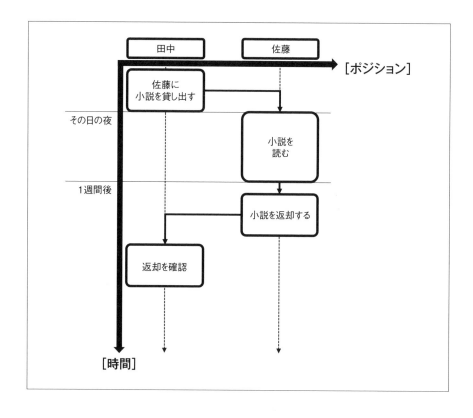

　この図では、まず「時間」で図解したタイムラインに対し、「ポジショ

ン」（誰目線の話であるか）を矢印の方向が別になるように追加しています。縦と横で矢印の役割が明確であるため、同じテイストの矢印でも混在しなくなります。

矢印の種類を使い分ける （単方向→、双方向⇆、関係の表現⇔）

矢印は「要素」と「要素」の「関係」を示す際、その種類によって微妙なニュアンスを示すことができます。

矢印の種類と意味を把握して、より的確な説明ができるようにしましょう。

◆基本の矢印

「要素」から別の「要素」に対して「何か」の行き来を説明するとき、一方向の矢印を使います。

関係の方向	単方向	双方向
関係の例	・上司は部下を叱る	・部下は上司に報告書を提出 ・上司は部下に修正依頼する
図解	上司 ──叱る→ 部下	上司 ←報告書/修正依頼→ 部下

◆関係の矢印

「要素」間にある関係性を説明したい場合は1本でスッキリ示すことができます。

関係の方向	何らかの関係がある	互いに影響がある	対立している
関係の例	・AさんとBさんは 　協業関係にある	・AさんとBさんは 　（仕事の腕を）競い合う	・AさんとBさんは仲が悪い
図解	Aさん ―協業関係― Bさん	Aさん ←競い合う→ Bさん	Aさん →← 仲が悪い Bさん

要素の違いを伝えたければ色や形状で分けよう

　人は何か絵を見たとき、同じテイストであれば何も感じませんが、違う
ものが混じっていると「なぜ違うのか」が気になります。

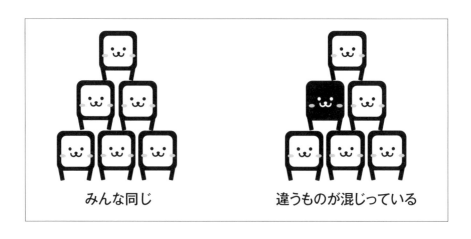

みんな同じ　　　　　　違うものが混じっている

　図解でも同様で、色味や形状が違っている図形があった場合は勝手に何
か意味を持たせたくなります。

　このことを逆手にとり、わざと「要素」の図形に違いをつくることによっ
て、読み手に何も伝えなくても人（もの）の分類分けをして読んでくれま
す。

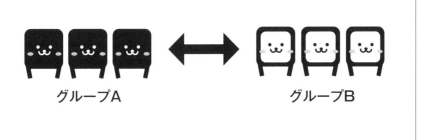

<table>
<tr><td></td><td>グループA</td><td></td><td>グループB</td></tr>
</table>

◆色と形状で「要素」ごとに違いをつくる

「組織やグループ名」は黒、「人物」は白。このように違いを視認できると違いが一目で分かります。

さらに「要素」の形状を変えればより効果がでるでしょう。こうすることにより、相手の理解がより深まるでしょう。

見せ方	色を使い分ける	形状を使い分ける	イラストにしてしまう
図解	企画部 私　Aさん	企画部 私　Aさん	企画部 私　Aさん

◆色と形状で「図解」に違いをつくる

「時間」と「ポジション」などの違う要素を混在させるとき、図の内側と外側を別のテイストにすることで分かりやすくなります。

読み手は説明していることの違いがすぐに頭に入ってきます。

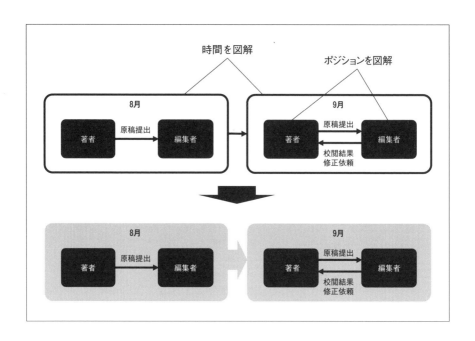

　図解資料では意味合いの違いを線種や色味、形状の違いで表すことによって分かりやすく伝わることを説明していました。

　しかし、それを見る人が上手く察してくれない場合も少なからずあります。

　線種の違いといえば、例えば地図が思い浮かびます。

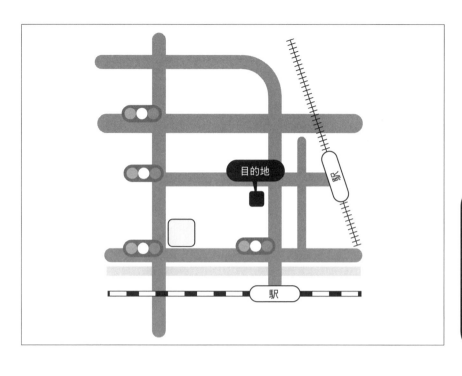

目的地

駅

駅

道路や川、電車の路線など様々な線種が混在しています。

地図記号や線種は学校で学ぶこともあり、なんとなくそれが「何を示すものか」を察することができるようになっています。

地図では「これってどういう意味だっけ?」と思うことがあっても、目的地への経路さえ分かれば他は読み飛ばしてしまえるので記号などの意味を正確に把握できていなくても十分に道案内の意味を果たしてくれます。

しかし、すぐに意味を汲み取ってほしいときなど、線種や色味の違いを曖昧にならないように説明しておきたい場合もあります。

そんなときは凡例という見本を使って、「これは道路だよ」「これは私鉄だよ」と意味を定義してあげましょう。読み手は察しなくても線種の意味を簡単に把握できるようになります。

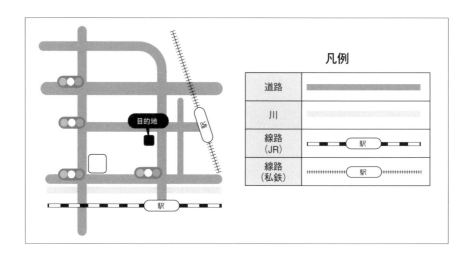

　凡例はものの目的・方針・使い方などを箇条書きに記したものです。

　凡例を使えば線種、色味、形状がいかなる意味で分けられているのかを明確に意味付けすることができます。

　より読み手への図の理解を深めてくれるわけです。

　文章の図解においても同じことが言えます。

　しっかりと意味を伝えておかないと誤解してしまいそうな場面では、凡例を使うことによって説明者の意図通りに汲み取ってくれるようになります。

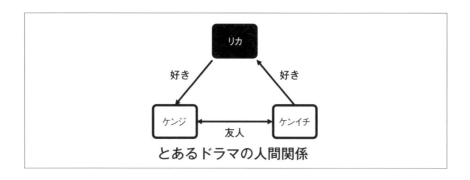

例では3人の人間関係が説明されています。ケンジとケンイチは男性の名前に多く、リカは女性の名前に多いといった傾向があるため、男女で色分けしているように汲み取れます。リカをめぐって三角関係ができあがっているため、予想はさらに確信めいたものになるでしょう。

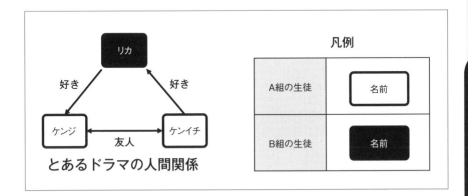

上の図は、色分けの意味を凡例に乗せて表現したものです。

この答えは、凡例がなかったときからは予想できなかったのではないでしょうか。

「A組のケンイチはB組のリカのことが好き」のように、どこのクラスの生徒なのかを示したいだけの色分けですが、この図には認識違いを起こさせる要素が多分に含まれています。

人間は曖昧なものを見たとき、周辺の情報や過去の経験から意味合いを察することができる生き物です。

逆に捉えれば、予想が違ったときは認識がずれてしまい、話が噛み合わなくなることも少なくありません。

誤解をなくすためには、予想をされる前に事実を先に伝えることです。

凡例を付けておくことで、相手が別の理解をしてしまいそうな表現でも、

上手く意味合いをコントロールすることができます。

実線と点線、太線など線種を使い分ける

　矢印の線種を変えることによって同時に説明できる内容を増やすことができます。

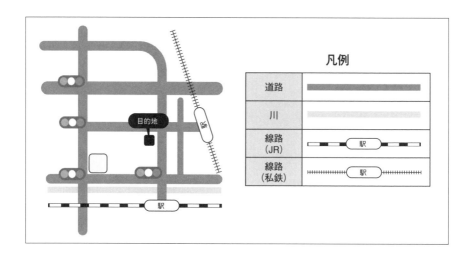

　例えば地図は、道のバリエーションを線種の使い分けをすることで分かりやすく感じます。

　これは、図中に文字で伝えなくても線種自体に意味を含ませ、すばやく相手にインプットさせることができるからです。

線種と凡例のセットで意味を持たせる

　説明の内容によっては、地図と同様の使い方を文字の図解でも行うことができます。

線種と凡例をセットで運用して、定義することで、図中で文字を書かなくても凡例の意味を伝えることができます。

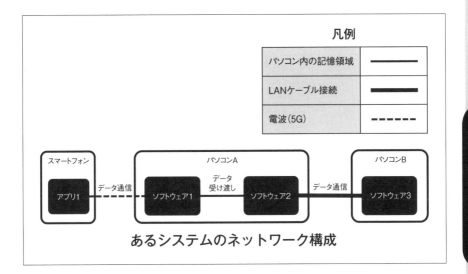

　例では、「データ」の受け渡し手段を線種によって示しています。

　本来は「要素」間に凡例のような文字を書いて分かりづらくなります。凡例を置くことによって、線種を変えるだけで凡例で書いた意味を伝えることができます。

線種を変えて、「しかし〜」を語る

　線種を変えて示すことで、本題とは別の結論への流れがあることを同時に説明できます。

　話し手が聞き手に話しかけても、聞き手に興味がないと聞き逃してしまうだけである。

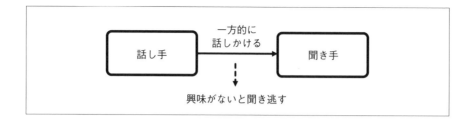

例のように、矢印の行方がない情報を破線で伝えられます。

相手に伝えたいことができたら、図解することで分かりやすく伝えられる。しかし、文字ですぐ伝わるならムリに図解しなくていい。

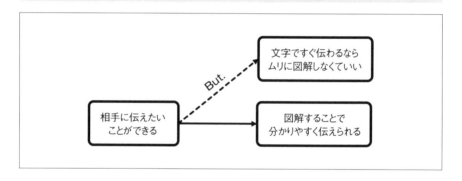

例のように別の結論があることを破線で言い分けることができます。

ただし線種の使い方に注意

自分と相手が線種についての共通認識を持っていないとただ混乱を招くだけです。

カレーライスのレシピ

- 食材（お肉と野菜）を切る
- 鍋で食材をさっと炒める
- 水を入れて鍋で煮込む
- カレー粉を入れ、味付けする

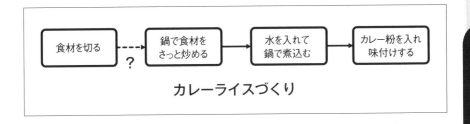

カレーライスづくり

　例は「食材を切る」を下ごしらえ、それ以外の流れが調理工程です。その思いを強く線種に込めて表現してみました。

　いかがでしょう。

　察しのよい人はなんとなく気付いたかもしれませんが、説明がないと、分からなかったのではないでしょうか。

　同じ「話の流れ」の中で、「しかし〜」「けれども〜」「付け加えて〜」のような派生の説明以外で線種を変えるのは避けましょう。

　読み手が迷う原因をつくってしまいます。

既存の図解パターンに
伝えたい情報を拡張する

　タイムラインなど左から右へ一方向にしか進まない図解では、縦方向に時間以外の情報の量を追加することができます。

　どういうことなのか、例を使ってみていきましょう。

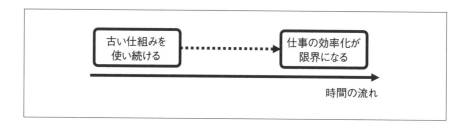

　通常のタイムラインでは左から右へ、時間の流れに沿って図解をしていました。

　出来事をストーリー立てて説明することができますが、もうひとつ、説得のための情報を追加して話に説得力を持たせたいときがあります。

　そんなときは縦方向にも意味を持たせることによって、縦方向の意味の変化を説明することができます。

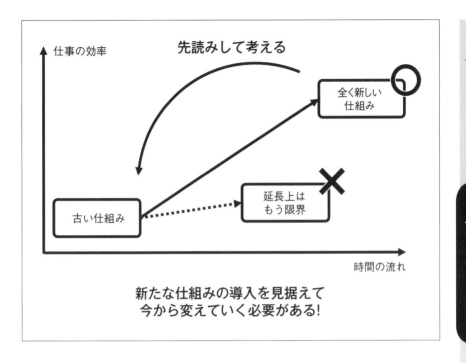

　先ほどのタイムラインに加え、上にいくほど別の量である「仕事の効率」が上がる軸を追加してみました。

　こうすれば、時間の流れに沿って仕事の効率が上がったり下がったりすることを説明することができるようになりました。

　また、2軸になると、例のように縦方向の動き方に違いがある2つの図解を比較できるようになります。

　例では現状のまま進めるとダメな結果（点線）になることを危惧し、同時によい結果（実践）の方向を目指すべきと説明しています。

　数字があるとより具体的になるため、納得感が増します。

　既存の図解パターンにこだわらず、目的に応じて見せ方を工夫すれば、一度に伝えられる情報を増やすことができます。

3章

状況に応じて使い分け!
シート1枚で表現する
シンプル資料10選

❶タイムライン
→ストーリー立てて説明できる

【説明】

　作業の順番など、時系列に絞って、あるいはストーリー立てて説明したいときに使います。

　仕事では時系列の話は必ずといっていいほどでてくるので、よく使う図解です。

　文章を整理しなくても、最初から図で書こうと思える手軽さが特徴です。

　タイムラインでは大きな話を図解し、タイムラインの「要素」の詳細は言葉で解説すると見通しがよい資料ができます。

　また、他の図解を差し込んで解説することも効果的です。

【図解のイメージ】

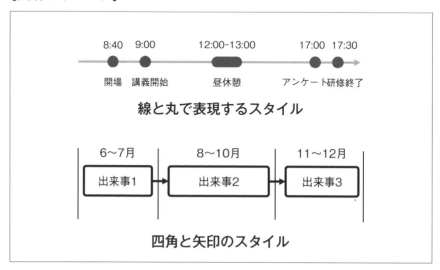

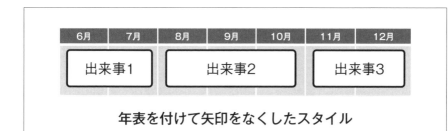

年表を付けて矢印をなくしたスタイル

「要素」は出来事、「関係」を表す矢印は時間経過になります。

時系列に流れるだけのシンプルなものなので、デザインも様々です。

最後の図版のように、年月日を背景に置くことで矢印を引く手間をなくすことができます。

【図解資料を使った説明のポイント】

図解したタイムラインは、読む方向が左から右とシンプルです。細かく説明しなくても理解してもらえます。

説明の仕方は用途に応じていくつかのパターンがあります。

ストーリーを説明するときは時系列に話す

作業手順など順序立ててストーリーを説明したいときは、図解の矢印に沿って時系列に話します。

6月	7月	8月	9月	10月	11月	12月
要素			要素			要素 (Goal)

計画にゴールがあるときは、さかのぼって話す

　ゴールが計画されており、必要な「すべきこと」が「要素」になっている場合は時間の経過とは逆に説明します。

　さかのぼって話していくことで、相手は何のために「要素」があるのかを理解しながら聞くことができます。

【図解の事例】

　著者と編集者で本の出版計画をすり合わせしたい。

パワポでの作図の仕方を伝授する本を出版予定（12月）

企画書をつくる（6月）
サンプル文章作成／図版を15点用意／目次案を作成／スペック表の作成
企画会議（7月）
類書と比べてコスパはどうか？／使用感は？／読者満足度は？／原価計算のシミュレート
原稿作成（8〜10月）
5章構成／毎月1章ずつ書いていく／1ページ500〜600字程度
編集者チェック（9〜10月）
原稿整理／校閲／項目のブラッシュアップ
サンプルレイアウト（11月）
3案チェック／類書との比較

初稿チェック（12月）

編集者の確認→著者確認→初稿戻し

再校チェック（12月）

初稿の原稿のつきあわせ/再度原稿の確認（編集者→著者→再校戻し）

入稿（12月）

次回の議題：
- 計画の相互理解
- 直近8〜10月の段取りを認識合わせ

本の出版に向けた原稿作成のスケジュールと、実施内容について認識合わせをするケースです。スケジュール表に沿って話をするため、タイムラインで図解をするのが効果的です。

タイムラインでは全体の要点をすばやくつかめるようにするため、細かい作業内容などはまとめてひとつの「要素」にすれば簡単になります。

例えば「原稿作成（8〜10月）」、「編集者チェック（9〜10月）」は2つの項目を繰り返すため（原稿作成→編集者チェック→原稿作成……）「原稿作成」にまとめると説明が簡単になります。

文章の計画がおさまるスケジュール表を作成し、月ごとのタイムラインに並べると次ページのようになります。

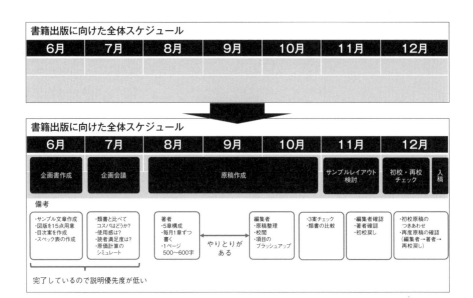

　スケジュール表にイベントを並べたことで予定全体を俯瞰できるように
なりました。

　プレゼンでは「要素」の内容を話す必要もあるため、「要素」の下に詳細
情報を添えておきます。

　これだけで説明に使えますが、詳細情報はもう少し整理することができ
ます。

　「原稿作成」、「初校・再校チェック」の内容は、人の役割や関係性が曖昧
です。しっかりと認識合わせをしておかないと実際にスケジュール通り活
動するときに困ってしまいます。

　そんなときは相関図を使った「関係の可視化」が効果的です。

　「誰が」「何をする」を明確にできるため、相手と詳細を詰めながら認識
合わせをすることができます。

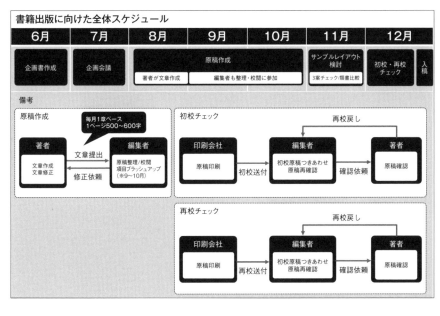

最後に、図解資料を見せながら8〜10月の動き方を議論したいので、議論のポイントをマーキングして完成です。

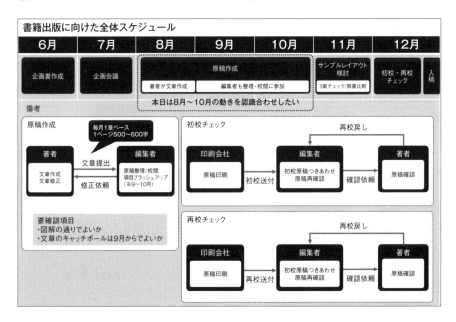

❷相関図
→組織間の関係が分かりやすくなる

【説明】

仕事上関係する人（もの）や組織間の関係をすばやく把握するときなどに使います。

行き来するものの流れを示すこともできます。

社員や勤務部署との関係や事業におけるものの流れ、製品どうしの関係や部署の関係などを説明する場において、相関図にして、可視化することで全体像を把握することができます。

【図解のイメージ】

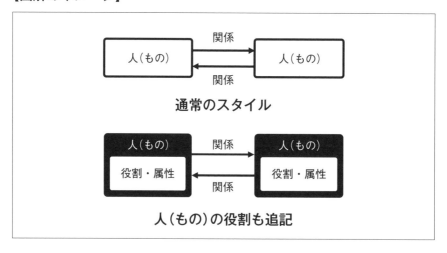

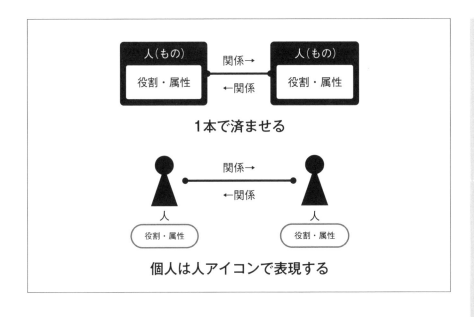

関係の線を2本引くのが手間な場合は1本で済ませることもできます。

人かもの（組織）かをアイコンで見分けられるようにもできます。

【図解資料を使った説明のポイント】

　人やものの間にある関係を説明するため、読むときはタイムラインと違って視線が左右へ行き来することになります。複雑になるため、大きな目線の動きを意識しましょう。

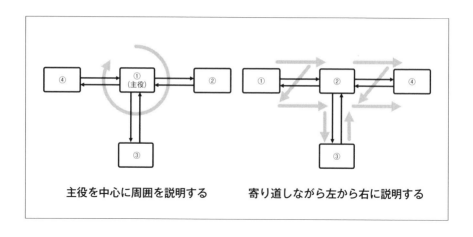

主役を中心に周囲を説明する　　　　寄り道しながら左から右に説明する

　ある人（もの）を中心として関係性を示すときは主役を中心に、周りの人（もの）との関係を説明していく図にします。

　ものの流れを示す場合は、寄り道しながらも全体としては左から右に流れる説明ができるように配置します。

【図解の事例】

　新しい組織の体制を説明したい。

○○年からの事業体制案

　今回私たちの組織は先行投資チームを新設し、従来の事業チームとの2チーム構成とします。

　両チームの情報を統括しながらマネジメントする役目をKマネージャにお願いします。

　先行投資チームは、今後必要になる新技術を獲得し、事業チームに提供することで支援をする役割です。

少人数で先進的な研究を行っているクライアントAに優秀なエンジニアを提供するかわりに最新技術の動向を得ます。
　既に私たちが参加している社外の団体から技術協力を受けているので、クライアントAとつながるのは容易です。

　事業チームは先取りした新技術を武器に交渉し、市場規模の大きいクライアントBから仕事を一括で受注します。
　仕事上の問題はただちに先行投資チームと共有し、問題解決の知恵を提供してもらいます。

　組織のマネジメントを任されているマネージャから新体制を関係者へ説明するケースです。
　文章だけではなぜこの体制にするのか分かりづらいので、図解してみましょう。
　話の流れは「ポジション」を変えて関係を説明しているため、相関図が効果的です。

　実際に文章を順番に図解してみましょう。

○○年からの事業体制案
　今回私たちの組織は先行投資チームを新設し、従来の事業チームとの2チーム構成とします。
　両チームの情報を統括しながらマネジメントする役目をKマネージャにお願いします。

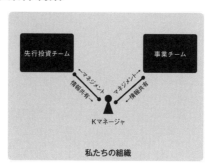

「私たちの組織」の中に「先行投資チーム」、「事業チーム」、「Kマネージャ」がいることを「要素」として書き出し、「Kマネージャ」と両組織の「関係」を書き出しました。

　先行投資チームは、今後必要になる新技術を獲得し、事業チームに提供することで支援をする役割です。
　少人数で先進的な研究を行っているクライアントAに優秀なエンジニアを提供するかわりに最新技術の動向を得ます。
　既に私たちが参加している社外の団体から技術協力を受けているので、クライアントAとつながるのは容易です。

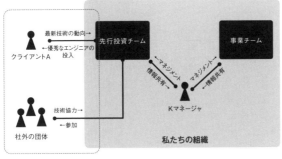

次の文章では「先行投資チーム」から「事業チーム」へ「新技術」を提供する関係が追加されます。また、新たな要素として「クライアントA」、「社外の団体」が登場するので要素として追加します。「私たちの組織」ではないので外側に書いています。このとき、必要に応じて「クライアントA」は個人、「社外の団体」はグループということが分かるようにアイコンを工夫するとより分かりやすくなります（アイコンの作成方法に関しては4章で具体的に説明します）。

説明の順序としては「クライアントAとの関係」、「社外の団体との関係」の順になります。視線が上から下に流れることに従ってクライアントAを上側に配置しています。

事業チームは先取りした新技術を武器に交渉し、市場規模の大きいクライアントBから仕事を一括で受注します。

仕事上の問題はただちに先行投資チームと共有し、問題解決の知恵を提供してもらいます。

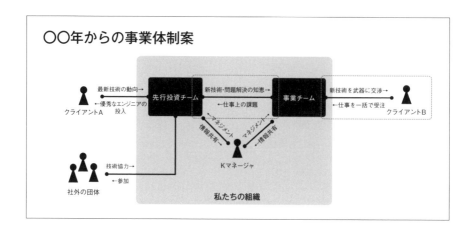

　この文章では「事業チーム」と他との関係性が明らかになり、新たに「クライアントB」が追加されます。

　「事業チーム」と「先行投資チーム」の関係、それと「事業チーム」と「クライアントB」の関係が述べられているので追加します。

　説明では「クライアントA」→「私たちの組織」→「クライアントB」と左から右に流れる説明ができるようにしています。

　これで完成でもよいですが、このままでは各「要素」の役割が見えません。要素に「役割」を追記してもよいでしょう。

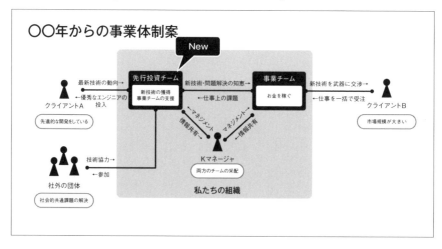

❸ロジックツリー
→全体と部分の関係がはっきりする

【説明】

　組織構成を可視化するなど、全体と部分の関係をはっきりさせられます。

　網羅的に物事を書き出して分析することができるため、問題の原因特定や目標設定、課題解決まで、様々なシーンで使用することができます。

　また、文書やプレゼン資料の章立てや構成の検討をするのにも便利です。

　図の活用範囲が広いため、パワーポイントだけでなく様々なマインドマップ作成ソフト、設計書作成ソフトなどでロジックツリーが書けるようになっています。

【図解のイメージ】

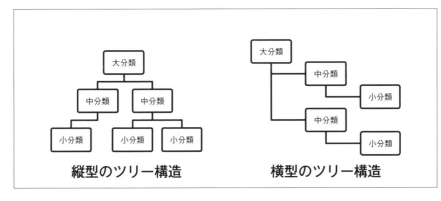

縦型のツリー構造　　　横型のツリー構造

【図解資料を使った説明のポイント】

　基本的には大きな分類から順番に説明していくことになります。

その説明の中で、必要に応じて見せたい分類以下を掘り下げるように説明すると、最小限の手間で相手が所望する情報を説明することができます。

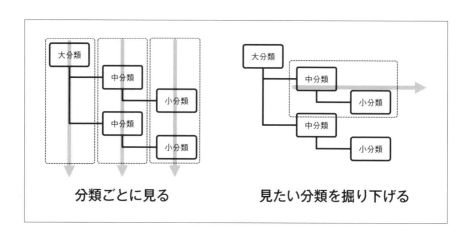

【図解の事例】

説明資料の伝え方と、それぞれの伝え方（文字、図、絵）の効果を比較した結果について説明したい。

◆説明資料の伝え方
　伝える選択肢は文字だけではない
　文字、図、絵を適切な見せ方を選ぶことで分かりやすく説明できる
　◎：とてもはやい　○：はやい　△：ふつう or 遅い

◆何で伝える
　●文字で伝える
　リスト
　　必要最低限の言葉（作成時間：◎　相互理解：△）
　文章
　　言葉と関係性（作成時間：○　相互理解：△）

●図で伝える
　文字の図解
　　言葉と関係性を冗長なく（作成時間：○　相互理解：○）

●絵で伝える
　シンプルな絵文字
　　言葉が指すものと動作（作成時間：△　相互理解：○）
　写真・イラスト
　　言葉が指すイメージ（作成時間：△　相互理解：△〜◎）

「分類の種類」と「効果の比較」、複数の目的が混在している説明資料です。

図解資料にするときには頑張ってすべてをひとつの図にしようとはせず、伝え方の分類分けはロジックツリー、比較は表に任せるようにしましょう。

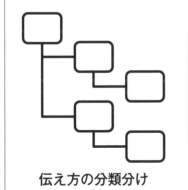

伝え方	伝えるもの	作成時間	相互理解
***	****	◎	△
****	******	○	△
**	***	○	○
****	****	△	○
******	**	△	△

伝え方の分類分け　　　　**伝え方の比較表**

1枚資料のレイアウトは例えばこのようになります。用途に適した図や表に分割して資料をつくると、それぞれの図で話の流れが混在しないので、

127

分かりやすくなるということです。

　まず、「伝え方の分類分け」をつくっていきましょう。

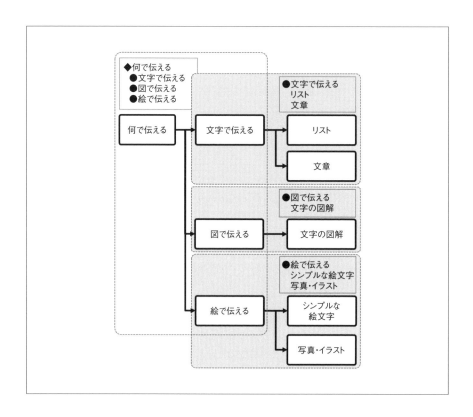

　事例の文章から伝え方の分類分けだけを「要素」として抜粋してきます。
　「何で伝える」には「文字で伝える」、「図で伝える」、「絵で伝える」、3
つの「要素」が下にぶら下がります。
　「文字で伝える」には「リスト」、「文章」がぶら下がります。
　このように、大きなグループの「要素」に対し、小さなグループの「要
素」がどこに所属するのかを「関係」とし、矢印をつなげればツリー状に
図解することができます。

続いて、「伝え方の効果比較表」をつくります。

「伝え方の分類分け」でツリーの一番下にぶら下がる「要素」について、作成時間と相互理解の時間の比較情報があります。

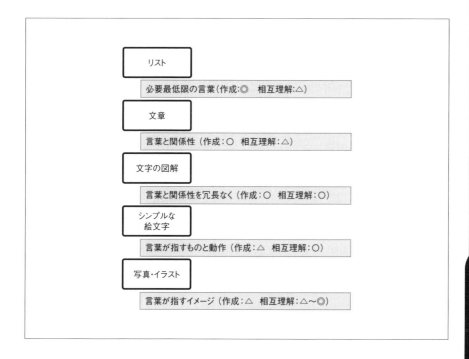

これらを以下のように表としてまとめます。

◎：とてもはやい　○：はやい　△：ふつうor遅い

伝え方	伝えるもの	作成時間	相互理解
リスト ・文字で伝える ・図で伝える ・言葉で伝える	言葉	◎	△
文章 伝える選択肢は文字だけではない。 文字、図、絵、適材な見せ方を選ぶことで分かりやすく説明できる	言葉と関係性	○	△
文字の図解	言葉と関係性を 冗長なく	○	○
シンプルな 絵文字	言葉が指すものと 動作・状態	△	○
写真 イラスト	言葉が指すイメージ	△	△〜◎

　先ほどのロジックツリーと抱き合わせで1枚の資料をつくると、次のようになります。

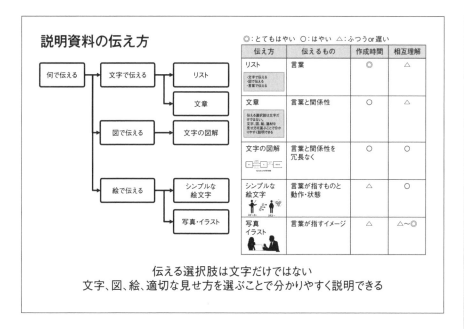

説明資料の伝え方

伝え方	伝えるもの	作成時間	相互理解
リスト	言葉	◎	△
文章	言葉と関係性	○	△
文字の図解	言葉と関係性を冗長なく	○	○
シンプルな絵文字	言葉が指すものと動作・状態	△	○
写真イラスト	言葉が指すイメージ	△	△〜◎

◎：とてもはやい　○：はやい　△：ふつうor遅い

伝える選択肢は文字だけではない
文字、図、絵、適切な見せ方を選ぶことで分かりやすく説明できる

　分類と比較表の相性はとてもよく、ロジックツリーで網羅的に分類を出して、表で比較や星取りをする方法はよく見られます。

❹グルーピング
→大小の関係がよく分かる

【説明】

　物事の大小の関係や、組織のチーム分けなどを枠で囲って表現します。
話全体を俯瞰して各要素の立ち位置を確認することができます。

【図解のイメージ】

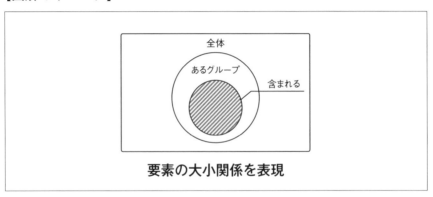

全体

あるグループ

含まれる

要素の大小関係を表現

　網羅的に「要素」を可視化できない場合は、含むか、含まれないかだけ
を説明できます。

　領域の大きさで規模感を比較する図をつくることができます。

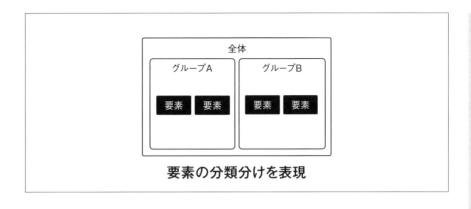

要素の分類分けを表現

　グループ分けが決まっている場合、要素の所属を説明することができます。

【図解の事例】

　乗り物を分類分けして説明する

（乗り物の分類）
　電気で動く
　　電車、ケーブルカー、電気自動車
　ガソリンで動く
　　ガソリン車、トラック、バイク
　その他
　　自転車、三輪車、歩行器

　内容が階層的なので、ロジックツリーでも図解できます。

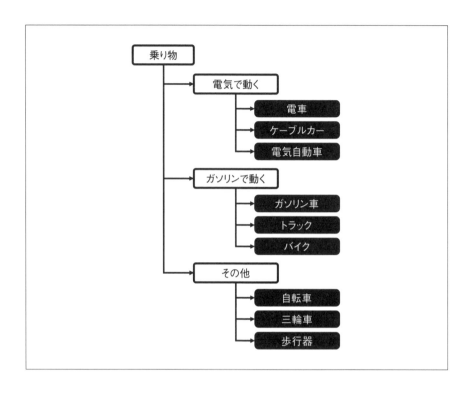

　ただし、項目が多いと縦長になってしまうので資料では使いづらくなります。

　これをグルーピングにしたものが次の図です。

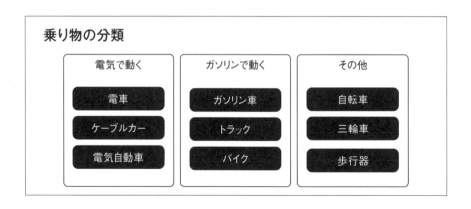

ロジックツリーと比較してレイアウトの自由度が高くなっています。

　また、矢印がないのでパワーポイントでつくるには手間が少なくなるメリットもあります。

　同じ階層の「要素」がたくさんある場合はグルーピングで説明すると効果的です。

❺フロー型
→複雑な話の流れも解決できる

【説明】

　タイムラインに近い働きをします。時間の流れでは整理できない複雑な話のつながりを整理できます。

　タイムラインは時間に沿って一方通行ですが、フロー型の図解では並列する作業や繰り返しも表現することができます。

　「要素」はアクション、「関係」はアクション完了後、次に行う「要素」を矢印で接続します。

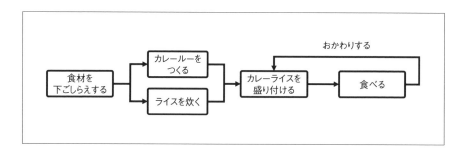

【図解のイメージ】

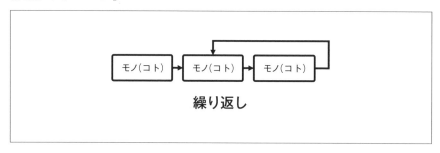

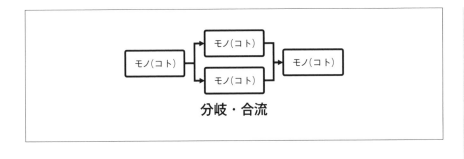

分岐・合流

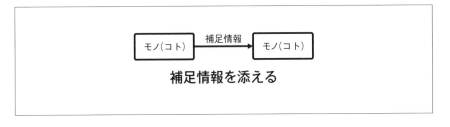

補足情報を添える

【図解資料を使った説明のポイント】

説明する際の考え方はタイムラインと同じです。

見せるだけでも伝わりますが、矢印の順番に説明し、分岐と合流は順不同なので説明順を考えておきましょう。

【図解の事例】

新しい教育について、教え方の流れを解説したい。

中堅社員向け教育
　　学習と成功体験によって受講者の思考スキル定着を狙う

＜期間＞
　　●4〜6月：Education（教育）期間　（受講者を拘束する時間　1人あたり、月10時間）
　　●7〜9月：Experience（経験）期間

<実施内容>

- Education：テキストによる学習（週1回-3ヶ月）

  思考スキルの教材を読む→思考スキルを学ぶ→繰り返し

  想定ではこの繰り返しで思考スキルが分かるようになる

- Experience：仕事の中で経験を積む（週1回-3ヶ月）

  思考スキルを選ぶ→思考スキルを仕事で使う→有識者からのフィードバック→繰り返し

  想定ではこのメソッドで思考スキルが実践できるようになる

※思考スキルは推理力をはじめ考えるスキル

セクションごとに切り分け、順番に考えていきましょう。

中堅社員向け教育

　学習と成功体験によって受講者の思考スキル定着を狙う

<期間>

- 4〜6月：Education（教育）期間　（受講者を拘束する時間　1人あたり、月10時間）
- 7〜9月：Experience（経験）期間

　教育の<期間>は時間の流れに沿って表すことができるため、タイムラインで表現できます。

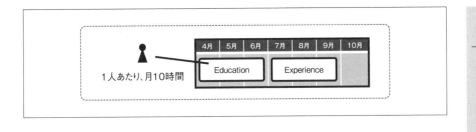

　このとき、Education（教育）に添えられているような受講者の拘束時間は読み手に伝えたい情報です。載せておきましょう。

　まずは教育のタイムラインに文章のタイトルを添え、1枚の資料にします。

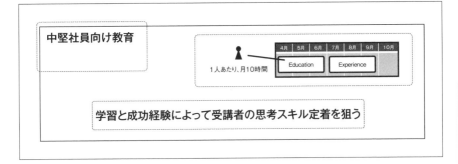

<実施内容>

● Education：テキストによる学習（週1サイクルー3ヶ月）

　　思考スキルの教材を読む→思考スキルを学ぶ→繰り返し

　　この繰り返しで思考スキルが分かるようになる

　教育の実施内容は繰り返し学ぶメソッドを説明します。

　「話の流れ」は時間に沿っていますが、繰り返し学ぶメソッドです。この場合はタイムラインによる説明が困難です。

ですから、フロー型で図解を考えましょう。

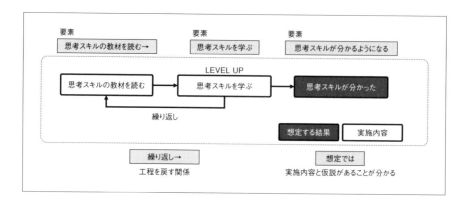

　要素と関係の分解方法はタイムラインと同じです。

　説明文からは「思考スキルの教材を読む」から「思考スキルを学ぶ」と「思考スキルが分かるようになる」に分かれることが分かるため、図でも矢印を2つに分けてつなげます。

　また、文面から「要素」には「実施内容」と「想定する結果」が存在します。色を分けて表現すると明解です。

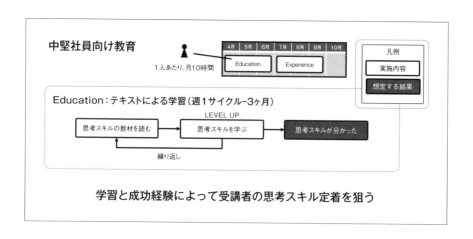

凡例を付けておくと、色分けの説明をしなくてよくなります。

● Experience：仕事の中で経験を積む（週1回サイクルー3ヶ月）
　思考スキルを選ぶ→思考スキルを仕事で使う→有識者からのフィー
　ドバック→繰り返し
　想定ではこのメソッドで思考スキルが実践できるようになる

※思考スキルは 推理力 をはじめ考えるスキル

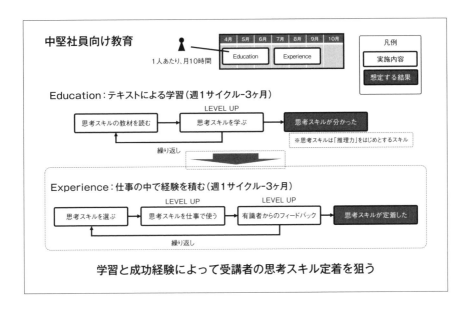

もうひとつの実施内容についても同じように図解します。

Education→Experienceと図解されているので、対応するように真ん中
に矢印を置いておくと親切です。

尚、「思考スキル」というワードが聞きなれないとして注釈があります。
小さく用語説明を入れておきます。

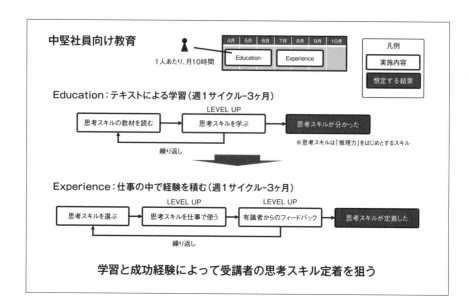

中堅社員向け教育

1人あたり、月10時間

4月	5月	6月	7月	8月	9月	10月
Education			Experience			

凡例

実施内容

想定する結果

Education：テキストによる学習（週1サイクル-3ヶ月）

LEVEL UP

思考スキルの教材を読む → 思考スキルを学ぶ → 思考スキルが分かった

繰り返し

※思考スキルは「推理力」をはじめとするスキル

Experience：仕事の中で経験を積む（週1サイクル-3ヶ月）

LEVEL UP　　　　　LEVEL UP

思考スキルを選ぶ → 思考スキルを仕事で使う → 有識者からのフィードバック → 思考スキルが定着した

繰り返し

学習と成功経験によって受講者の思考スキル定着を狙う

❻ブロック線図

→大きな話の流れの一部を切り取って、その中の動きを
説明するときに使う。話の切り口も明確になる

【説明】

　ものづくりの場で、製品の動作と情報の流れを同時に表現する図です。図は「動作を表すブロック」と「矢印」から構成されます。

　フロー図と同じで分岐・合流を書けますが、矢印は「時間の流れ」ではなく、文字で「もの」や「情報」を記述する点が異なります。

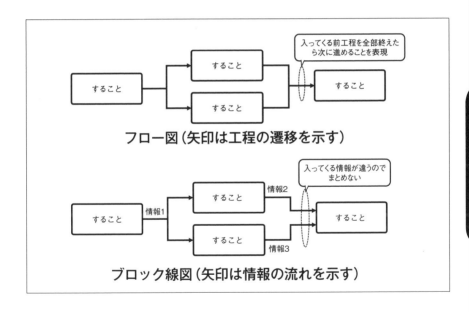

　ある大きな製品の中で、一区間を切り取って提供物→プロセス→成果物を表現することができるので、担当範囲を明確にした仕事の流れを表現するのにも適しています。

143

尚、仕事の手順を着実に説明する考え方では、プロセスと成果物を別々のブロックで明示的にするPFD（プロセスフローダイアグラム）という考え方が主流です。

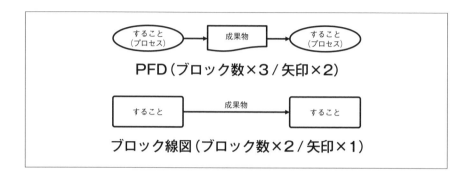

　PFDで図解した場合、ブロック線図と比較すると「ブロック」と「矢印」の数が多くなってしまいます。成果物を明示的に示すメリットはありますが、本書では手軽に使えるブロック線図をとりあげています。

【図解のイメージ】

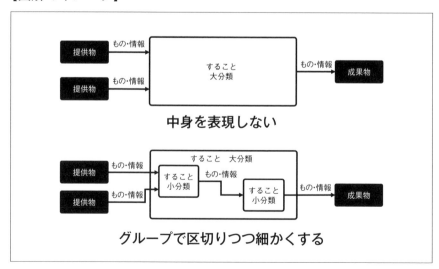

提供物→すること→成果物のように、左から右に流れるようにつくります。詳細に「すること」を掘り下げて記述していくこともできます。

【図解資料を使った説明のポイント】

提供物から成果物へ向けて、「何をして」「何をつくるのか」順番に説明していく流れになります。

【図解の事例】

カレーづくりの流れを図解したい。

仕事内容：カレーライスづくり

＜準備物＞
- お米
- 肉・野菜
- 水・カレー粉
- お皿

＜炊飯＞
- お米を洗う
- ごはんを炊く

＜カレーづくり＞
- 食材を切る
- 水・カレー粉で煮込む

＜盛り付け＞
- ごはんを盛る
- カレールーを盛る

準備物とつくりたいものが決まっているので、ブロック線図に表すことができます。

まずは 提供物（メモでは準備物）と成果物を書き、図解する仕事の範囲を決めます。

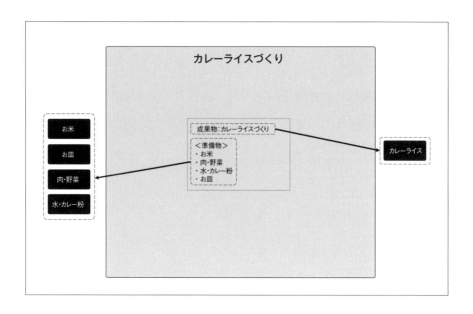

ここからはカレーライス完成から時間を巻き戻していきます。

まず、最終工程である盛り付けを図解します。

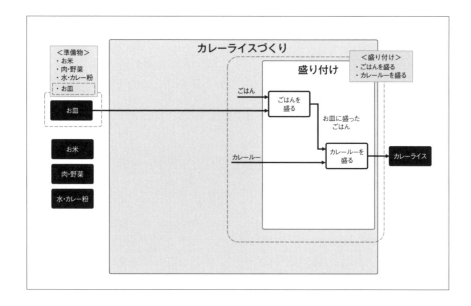

ここで、「盛り付け」という枠だけで見たときのブロック線図を考えます。お皿の上にごはんを盛り、カレールーを盛ると「カレーライス」ができるので、「お皿」「ごはん」「カレールー」が提供物であると分かります。

　お皿は準備物にあるのでそこから繋げますが、ごはんは「炊飯」、カレールーは「カレーづくり」の工程でつくる必要があると分かり、矢印は一旦つながっていない状態になります。

　次に、「カレーづくり」の工程を図解します。

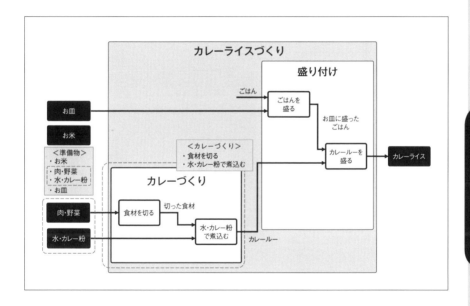

　「カレーづくり」の工程では食材を切り、水・カレー粉で煮込むとできあがる「カレールー」が成果物です。「カレールー」は「盛り付け」につなげることができます。「カレーづくり」の提供物は「肉・野菜」、「水・カレー粉」であると判断できるので、準備物からつなげることができました。

最後に「炊飯」の工程を図解します。

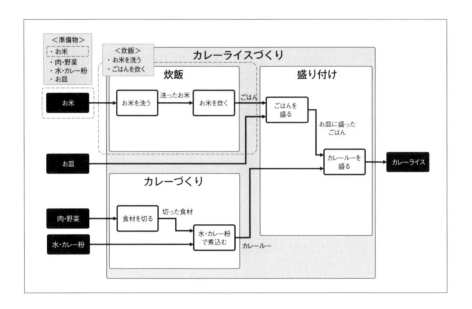

「炊飯」の工程ではお米を洗い、お米を炊くと「ごはん」が成果物です。「ごはん」は「盛り付け」とつながります。

「炊飯」の提供物には「お米」が必要なので、提供物からつなげます。

以上でレシピ通りの作り方がブロック線図で可視化されました。

しかし、待ってください。炊飯で使う水や、そもそも調理器具がありません。

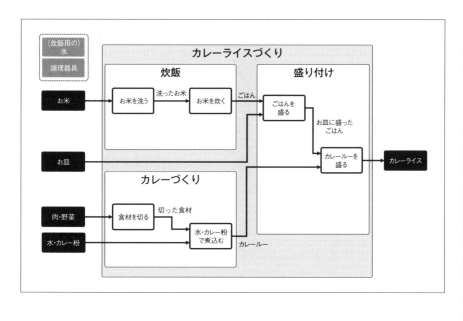

　ブロック線図で可視化する際、提供物、すること、成果物の関係がしっかりと可視化されます。

　そのため、言い忘れなどにも気付きやすくしてくれます。

❼対比型
→違っている部分を見やすくする

【説明】

　通勤手段のコストや利便性を比較するなど、共通の特徴がある物事について、差分を見比べたいときに違いがすぐ分かります。

【図解のイメージ】

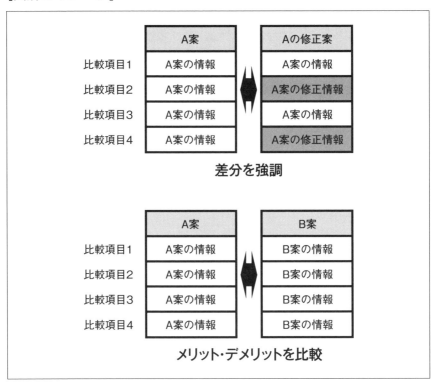

　要素を単純にリストにして表現することになります。

2つの案があるとき、同じ項目にあたる要素を挙げ、比較表示します。

この場合は、パワーポイントではいちいち図形をつくる方が手間です。エクセルなどで、表をつくるだけで十分でしょう。

【図解資料を使った説明のポイント】

左右を見比べるだけで言いたいことは一目瞭然です。

比較した結果、どういうことがいえるのか、結論は何か、それを説明するだけです。

【図解の事例】

バーチャル会議室を導入したい。導入する案が2つあるので見比べたい。

バーチャル会議室の導入方法の検討

A案

利用ソフト	グループ討議用ソフトウェアを使う
費用	無料で導入可能
通話のセキュリティ	推奨のWeb会議ソフトで実施のため セキュリティ保障済
会議方法（社内）	設置したリンクからクリックで参加
（社外）	設置したリンクからクリックで参加
在席状態の表示	ステータスを表示できるが忘れていたら 更新されない
その他	バーチャル会議室用のソフトではないため、 オフィス風景は画像を自作する必要がある

B案

利用ソフト	バーチャル会議室専用ソフトウェアを使う

費用	1スペース¥22,000/月
通話のセキュリティ	審査中
会議方法（社内）	参加者のアイコンどうしが近づけば会話可能
（社外）	設置したリンクからクリックで参加
在席状態の表示	ステータスを表示できる
その他	社内外の打合せで使い勝手が変わってしまう

バラバラと書き出した両者の案を、比較項目のラベルを決めてリストに書き出します。

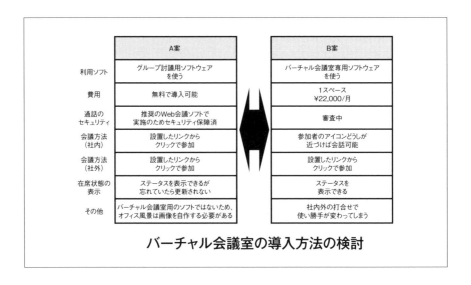

バーチャル会議室の導入方法の検討

このように横並びで案が比較できるので、優劣を説明しやすくなります。

❽アクティビティ型
→どのタイミングで誰が何をするか明示する

【説明】

　タイムラインと相関図をかけ合わせたような図解方法です。

　タイムラインだけでは把握が難しい、どのタイミングで誰が何をするのかを明示する必要があるときに使います。

　仕事の顧客との受発注手続きや、関係者が多くて複雑な書類申請ではコミュニケーション上のトラブルが発生したり、責任範囲が曖昧になりがちです。この図解によって誰が何をすべきなのか明確にしましょう。

【図解のイメージ】

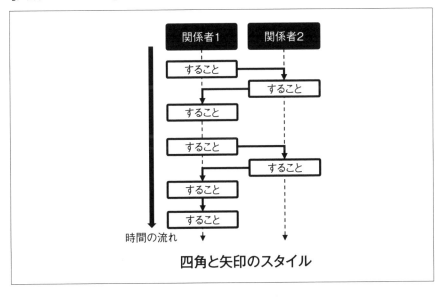

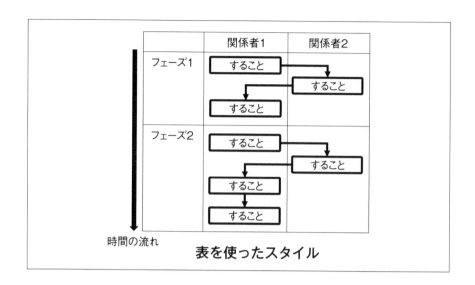

表を使ったスタイル

【図解資料を使った説明のポイント】

　時間の流れに沿って「誰が」「何をして」「誰にバトンタッチする」を強調して説明します。

　タイムラインよりも話が細かくなるため、図解した流れ自体を細かく議論する場ではない限りは事前に読んでもらうようにするとよいでしょう。

【図解の事例】

　図書館利用の流れを分かりやすく説明したい。

図書館利用の流れ

＜利用申請＞
　利用申請書を記入し、Webフォームで申請書を送付
　図書館が申請受理し、利用者カードを発行、利用者カードが郵送される

数日後に利用者へカードが届く

＜書籍の借用＞

　借用したい書籍を受付にもっていき、利用者カードを提示

　利用者の確認・許可をされたら書籍の利用期間を申請

　借用手続きが終われば書籍の借用が開始される

＜書籍の返却＞

　借用期限までに書籍を所定の返却BOXに入れる

　まず、「時間」に沿ってタイムラインのように「要素」を図解します。返却は1行なので言葉で十分でしょう。

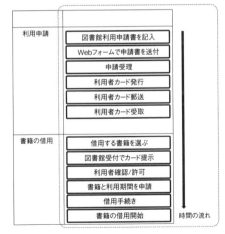

図書館利用の流れ

次に列方向に「要素」を担当する「誰」を追記していきます。今回は「利用者」側と「図書館」側で分けられそうです。

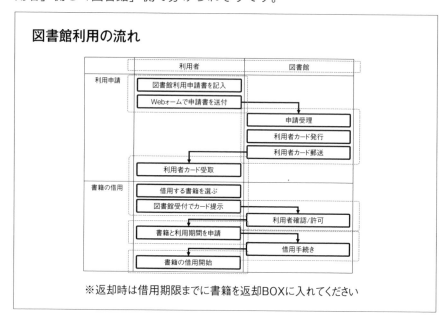

「利用者」と「図書館」の列を追記し、「要素」の担当を割り振りました。

このとき、担当者が切り替わるタイミングで矢印を付けて分かるようにします。

図書館利用の流れ

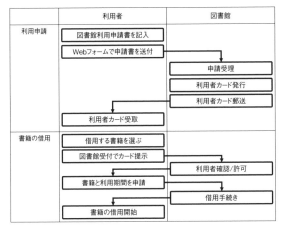

	利用者	図書館
利用申請	図書館利用申請書を記入	
	Webフォームで申請書を送付	申請受理
		利用者カード発行
		利用者カード郵送
	利用者カード受取	
書籍の借用	借用する書籍を選ぶ	
	図書館受付でカード提示	利用者確認/許可
	書籍と利用期間を申請	
		借用手続き
	書籍の借用開始	

※返却時は借用期限までに書籍を返却BOXに入れてください

これで誰が何をするのか、見るだけで明確になりました。

❾座標図
→「要素」どうしの優劣を分かりやすくする

【説明】

　ある要素について新規性の高さと実用性の高さを同時に表現したいなど、全体の中で「要素」どうしの優劣を2つの指標の高い・低いで可視化したいときに使います。

【図解のイメージ】

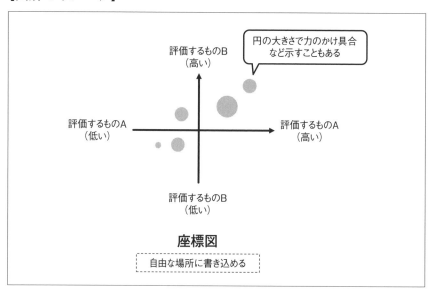

　「要素」は「評価するもの」で説明したいものを置きます。

　「関係」は矢印を使いません。2つの「評価するもの」が高いか、低いかで「要素」の関係を表現します。

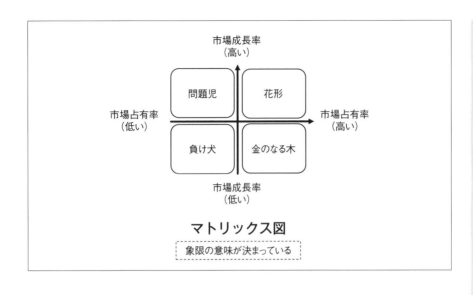

また、4つに分けた象限のどこに所属するかで意味を持たせたマトリックス図も存在します。

【図解資料を使った説明のポイント】

図を見ただけで伝えたい「要素」間の優劣が把握できるようにしましょう。

【図解の事例】

仕事のエネルギーのかけ方を分析したい。

納期に追われた業務A	50%
業務Aに関係する打合せ	10%
待ち時間	5%
その他打合せ	10%
メールチェック	10%
休憩	2%

スキルアップ研修	5%
将来技術の獲得	8%

　労働時間の中で、何に時間を割いているのかを書き出しています。

　「緊急度」と「重要度」の座標図またはマトリックス図で「力の注ぎ方が妥当であるか」を分析することができます。

　まずはエネルギーのかけ方を丸の大きさで可視化します。大小が分かればよいので、大きさはアバウトで問題ありません。

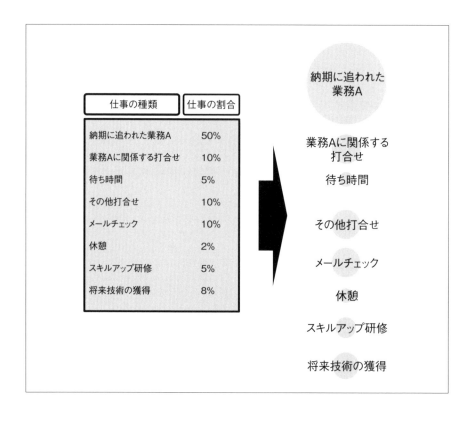

　これを仕事の「緊急度」と「重要度」の2軸の座標図に配置していけば、

次のようになります。

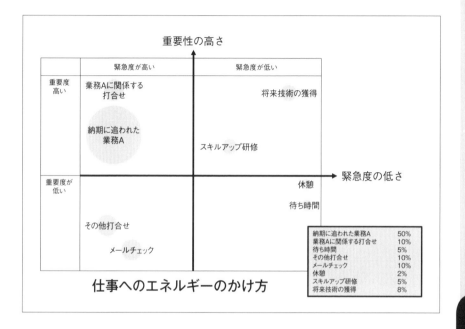

「緊急度」と「重要度」で評価するものは、「時間管理のマトリックス」とも言われ、丸が左に来るほどその仕事に追われていることが示されます。例えば一週間など一定期間の仕事の配分を作図してみることによって、本当に力をかけるべき仕事はどれか、バランスを議論することができます。

　ムダがどこにあるのか、先行投資ができているのか。時間の使い方を最適化するためには座標図を使ってエネルギーのかけ方を可視化することで、見直しを考えることができます。

⑩集合
→重なっているか、そうでないか分かりやすくする

【説明】

「会社Aの事業とBの事業には「動画配信サービス」という共通の事業領域がある」のように、母集団の中で重なりがあるところ、ないところを可視化して説明ができます。

【図解のイメージ】

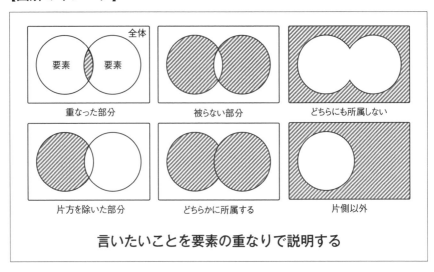

言いたいことを要素の重なりで説明する

「要素」は説明したいものを置きます。

「関係」は矢印を使いません。2つの「要素」を領域（図でいう丸にあたる）とし、領域の位置関係で説明します。

例えば、「ベテラン社員」と「パソコンを使える社員」、2つの要素を重

162

ねてみましょう。

　「重なった部分」は「パソコンを使えるベテラン社員」を表すことができます。

　「片方を除いた部分」では、「ベテラン社員」の中から「パソコンを使える社員」を差し引いて、「パソコンを使えないベテラン社員」にすることができます。

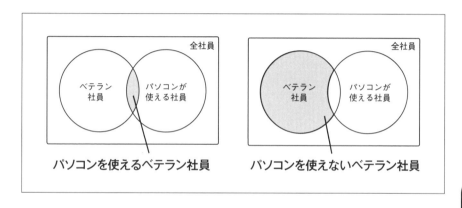

【図解資料を使った説明のポイント】

　伝えたい「要素」に絞って話をすればスムーズにコミュニケーションがとれます。

　「要素」が重なっている場合は、「要素」単独の意味を説明した後、重なったときにどうなるかを説明すると親切です。

条件に合致する人物を選出したい。

先にキャンプ場で準備する人を決める

車を持っている
●塩崎、中村、三井、山田、山村

キャンプの経験がある
●内山、小倉、中村、山田、村上

　ある集合体の中で、複数の条件を満たすのは誰（どれ）なのかを説明するためには「集合」が効果的です。

　例では、キャンプ経験があり、キャンプ場に迎えに行ける車を持っている人が誰かを秒で伝えられるようにしてみましょう。

　まず、「車を持っている」「キャンプの経験がある」それぞれについて、グループを丸で可視化します。

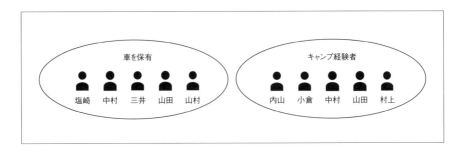

　このとき、中村さん、山田さんが両方の丸の中に存在しています。両方の丸に所属している状況を表現するため、次ページの図のように丸を重ねます。

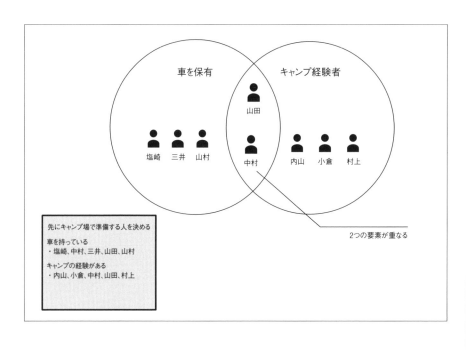

車を保有　　　　キャンプ経験者

山田

塩崎　三井　山村　　中村　　内山　小倉　村上

2つの要素が重なる

先にキャンプ場で準備する人を決める
車を持っている
・塩崎、中村、三井、山田、山村
キャンプの経験がある
・内山、小倉、中村、山田、村上

　グループを表す丸が重なることで、「車を保有」かつ「キャンプ経験者」の領域をつくることができました。

　複数の状態を兼ね備えた領域をつくることによって、真ん中に配置した2名のアイコンは個別に丸を書いていたときから冗長な表現がなくなり、分かりやすくなります。

　ところで、この中でキャンプの準備に参加できないメンバがいたらどうなるでしょう。

先にキャンプ場で準備する人を決める

車を持っている
●塩崎、中村、三井、山田、山村

キャンプの経験がある
●内山、小倉、中村、山田、村上

当日参加できる
●塩崎、中村、三井、村上

先ほどの事例に対して、当日参加できるメンバの情報が追加されました。
先ほどの重なった丸に対して「当日参加できる」のグループを表す丸を
重ねてみましょう。

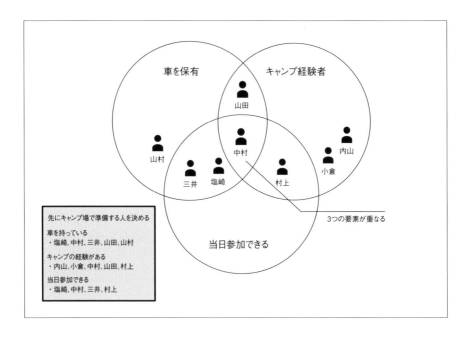

「当日参加できる」の丸を追加し、所属するメンバである「塩崎」「中村」
「三井」「村上」の4名が丸の中に入るように書き直しました。結果、当日
キャンプに参加でき、キャンプ経験者であり、車を保有しているのは「中

村」であることが明確になりました。

　以上のように、グループとその重なりを表現することによって、複数の条件を同時に満たす人やものを説明するとき、集合が役に立ちます。

4章

さらに伝わりやすく!
四角と丸だけでつくれる
魔法のイラスト

説明資料でのイラストの用途

　文章だけの説明では言葉の意味を伝えるのが難しくなることがあります。

　説明資料では言葉のかわり、あるいは言葉を補足するためにイラストがよく使われます。

　イラストの用途は大きく2つあります。

- 言葉が指すもの自体を伝える
- 言葉が指す動きを伝える

　それぞれのイラストを使う目的を理解しておきましょう。

言葉が指すもの自体を伝える

　言葉の意味自体がイメージできないときや、意味は分かるけれど言葉なしですばやく伝えたいときなどはイラストで説明することになります。イラストを使えば、相手は言葉を読まなくてもある程度はイメージができます。

　そのため、すばやく言いたいことをインプットさせることができます。

二輪車　　　乗用車　　　トラック

それが何かを示したいとき

会議の様子

言葉が示す意味を絞りたいとき

　イラストで表現するのは手間がかかると思われがちですが、実は知っている言葉ほど自分で勝手なイメージをつくりがちです。例えば、「会議」と言われたとき、第三者から見ればいろいろなスケールの「会議」を想像できてしまいます。人数やスケールで絵が全然違ってくる言葉なので、どれくらいの規模のものを言いたいのかをイラストで表現すると相互理解の助けになります。

言葉が指す動きを伝える

　文章を図解すると話の流れが可視化されて分かりやすくなります。
　さらに、よりすばやく頭に入れてもらいたいときにはイラストで動作を

示せば効果的です。

「要素」にあたる言葉をイラストにすると、読まなければならない文字を減らしてくれ、頭の中で文字を絵に変換することも不要となります。

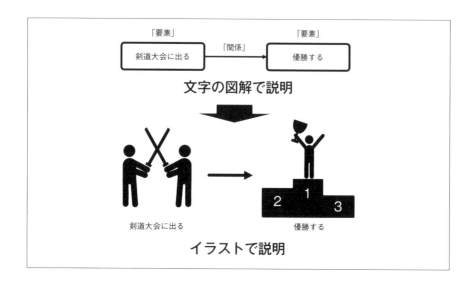

また、細かいニュアンスを入れたい場合は図解よりも柔軟性が高くなり、すばやく情報を盛り込むことができます。

優勝の図に学校名を添えてみました。イラストなら取って付けた感もなく追加情報を伝えることができます。

イラストのリアリティによって、伝えられる情報量が変わる

例えばイラスト提供サイト「いらすとや」などで提供されているイラストを使えば、読み手はその絵の中で様々な情報を受け取ることができます。下の図のように会議の規模感だとか、言葉の意味をよりすばやく知ってもらうにはとても効果があります。

一方、ピクトグラムと呼ばれる単色の絵文字イラストは、伝える情報が最小限となります。

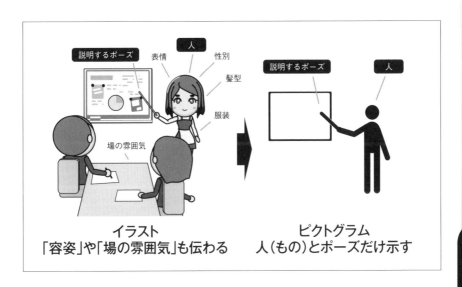

同じ様子を比較した例です。見ただけで情報量の違いを感じられたのではないでしょうか。

ピクトグラムの方は、より伝えたいことを絞った資料になります。

利用する際、「それが何か」、「どんなポーズか」だけを示す場合はピクトグラムを使い、雰囲気も伝えたければイラストを活用すれば余計な情報を含むことがない、シンプルな資料をつくることができるでしょう。

人を表現する

説明では人や人の動作を説明するシーンは多くなります。

仕事では人が何か作業したり、承認したりする場面は多々あるためです。

図解においても人を表現したい場面はいくつかあります。

人の動きを伝える	出張する、作業する、承認するなど
相関図の説明に人の存在を伝える	人なのか、ものなのか、個人なのか、チームなのか、チームメンバは何人いるのかなど

特に人でアクションを伝える場合、ネットでイラストを探しても時間がかかってしまいます。

図のような台車を動かすときの動きの良し悪しを比較したい場合にはテイストが同じで、伝えたい部分だけに違いがあった方が秒で伝わります。フリー素材で探すとテイストが違ってきてしまい、テイストの違いの方が気になって伝えたいことがぼやけてしまいます。

両手でしっかり持つ　　　片手がお留守

　箱や台車、人のテイストが違ったりすると、違いがあり過ぎて説明に余計な時間がかかってしまいます。

　人の動きの比較や、連続した人の動作の説明などをイラストで行いたい場合は自作という選択肢もあります。

　あまり凝ったものはクオリティのよさばかりを気にされて、逆に言いたいことが伝わりづらくなるので、丸や四角を使ってシンプルなものがつくれたらそれでよいです。

　コストが安く、絵心なしでもつくれて、皆でつくり合って使いまわせる。シンプルな人の作り方が普及すれば、あなたが所属する組織で説明の準備も手間も、そしてプレゼンの相互理解さえも時短でできるようになります。

人のアイコンからつくってみよう

　相関図などでは「要素」が人かものかを判断するため、人はイラストにしてしまえば明解です。

　人の表現はネットで検索しても分かるように、いろいろなタイプがあります。
　大きな会社ではプレゼン資料にフォーマットがあるように、資料に使う素材も統一感が持たせられると、社外の方から見られても上質に見えます。

　まずはいくつかシンプルな人の作り方を紹介しますので、自分たちが「これだ」と思うアイコンをつくってみましょう。

完成イメージ

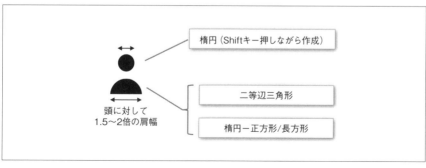

楕円（Shiftキー押しながら作成）

二等辺三角形

楕円－正方形/長方形

頭に対して
1.5〜2倍の肩幅

頭は楕円、胴体はそのように見えそうな図形を選んで作成できます。
頭と肩幅の比は実際の人間の比率を意識して作成してみましょう。

①Shiftキー押しながら「楕円」を描けば
円ができる

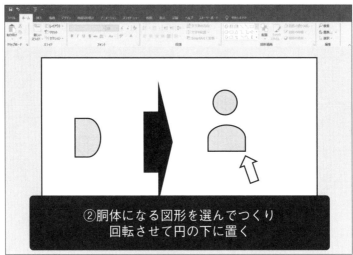

②胴体になる図形を選んでつくり
回転させて円の下に置く

完成

または、円の半分を切り取って胴体を作成することもできます。

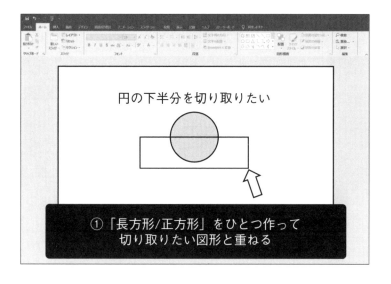

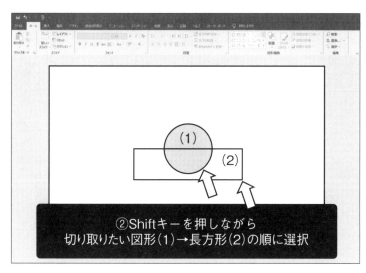

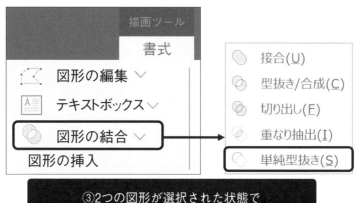

③2つの図形が選択された状態で
書式タブの図形の結合→単純型抜き を実施

④長方形がなくなって
切り取られた図形が残る

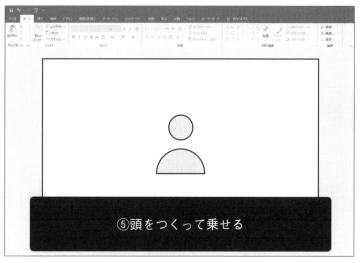

⑤頭をつくって乗せる

完成

1 伝わる資料は
誰でも簡単につくれる

2 四角と矢印と線を使って
資料を見違えるほど
分かりやすくする

3 状況に応じて使い分け！
シート1枚で表現する
シンプル資料10選

4 さらに伝わりやすく！
四角と丸だけでつくれる
魔法のイラスト

ポップな人は
丸と楕円・四角でつくれる

　最近ではオリンピックだけでなく、飲食店など様々な場所で人のピクトグラムが見られるようになりました。

飲食店で間隔をあけて並んでほしいときに使うピクトグラムの例

　言いたいことをシンプルでとても分かりやすくインプットできるので、忙しくて読む時間がない人に対しても、見るだけで頭へインプットさせることが可能になります。

　このようなポップなイラストを自作するのは難しいと思われるかもしれませんが、実は丸と楕円だけで構成されています。

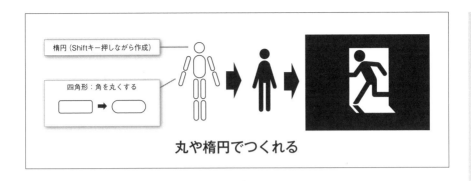

丸や楕円でつくれる

パワーポイントでは「楕円」、そして「四角形：角を丸くする」という図形2つをつなげるだけで、簡単に人の形をつくることができます。

人の形をつくり、使いこなすために重要なスキルは3つしかなく、とてもシンプルです。

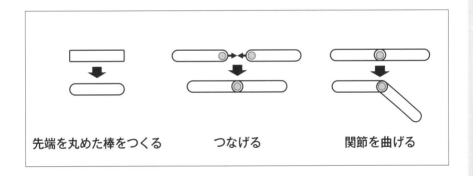

丸や先端を丸めた棒をつくり、それらをつなげれば「立っている人」を描くことができます。

さらに、関節を動かすことで様々な「ポーズをとっている人」になります。

手を曲げる

立っている人　　　ポーズをとっている人

　このように3つの操作を覚えるだけで、様々なポーズがとれるポップな
人をつくって使いまわすことができるようになるというわけです。
　実際の作り方を4つの工程に分けてみていきましょう。

作り方
　1. 人のサイズを考える
　2. 頭、胴体をつくる
　3. 手、足をつくる
　4. 手足を回転させて胴体につなげる

1. 人のサイズを考える

頭のサイズを基準にして数える単位を頭身といいます。
頭の個数で人の身長を数える際、1頭身、2頭身、3頭身……と数えます。

　人を絵で描く際、現実の人間は5〜8頭身くらいで、アニメのキャラク
ターでは2頭身なんていうサイズも存在しています。
　頭身の長さによって肩幅のバランスも変わるため、胴体の幅と頭のサイ
ズを同じにしても違和感のない頭身なら、人のピクトグラムをつくる難易

度を下げ、ほどよいバランスでつくることができます。

　胴体を頭の幅で決めても違和感がないのは5頭身（頭で1頭身、胴体を2頭身、足を2頭身）程度です。

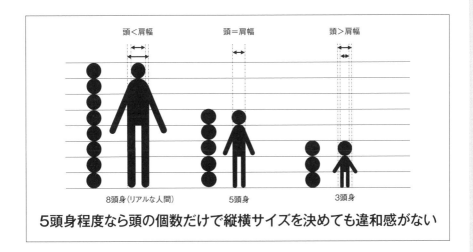

5頭身程度なら頭の個数だけで縦横サイズを決めても違和感がない

　5頭身の人をつくるため、まずはパワーポイントで基準線を引いていきます。

＜作成例＞

①5行分の表をつくる

挿入タブの中の表を選んで5行分囲んで、作図してみてください。

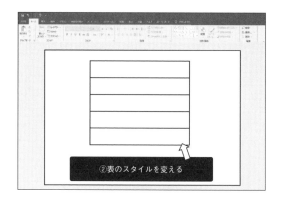

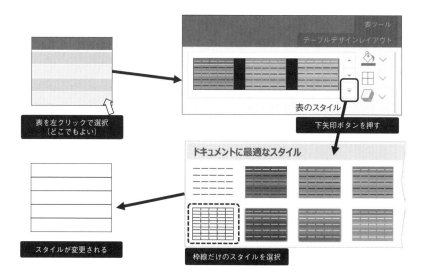

　次に表のスタイルを変えましょう。上図のように枠線だけのスタイルを
選択すれば見やすくなります。

③表の色を目立たなくして
背景色をなくす

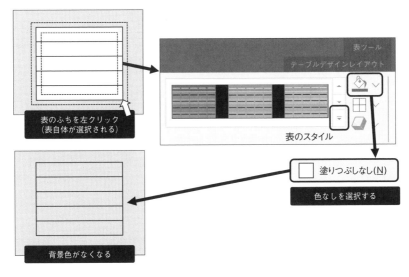

表のふちを左クリック
（表自体が選択される）

表ツール

テーブルデザインレイアウト

表のスタイル

塗りつぶしなし(N)

色なしを選択する

背景色がなくなる

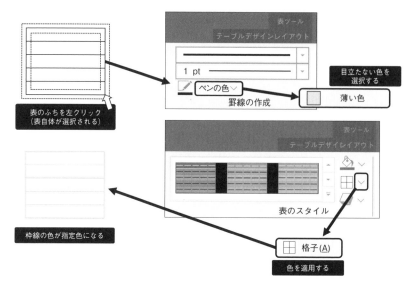

表のふちを左クリック
（表自体が選択される）

目立たない色を
選択する

薄い色

罫線の作成

枠線の色が指定色になる

格子(A)

色を適用する

④作業しやすいように表を広げる

サイズの目安なので、あまり自己主張しないように薄くします。

そのため、線の重なりが微妙に合っていなくても気にしなくてよいです。

2. 頭、胴体をつくる

頭身のラインが引けたら頭と胴体をつくってみましょう。

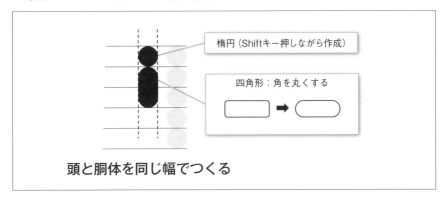

楕円（Shiftキー押しながら作成）

四角形：角を丸くする

頭と胴体を同じ幅でつくる

ラインいっぱいになるように頭を「楕円」を使ってつくります。

胴体は「四角形：角を丸くする」を最大限に丸めて縦に配置します。このとき、頭と同じ幅にします。

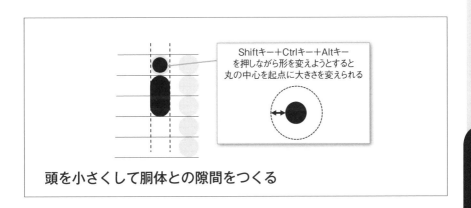

Shiftキー＋Ctrlキー＋Altキー
を押しながら形を変えようとすると
丸の中心を起点に大きさを変えられる

頭を小さくして胴体との隙間をつくる

頭と胴体の間に隙間をつくると見た目がキレイに見えるので、頭を少しだけ小さくします。

図形の形状をデリケートに変えるには、図のようにCtrlキー、Shiftキー、

Altキーを上手く使いましょう。

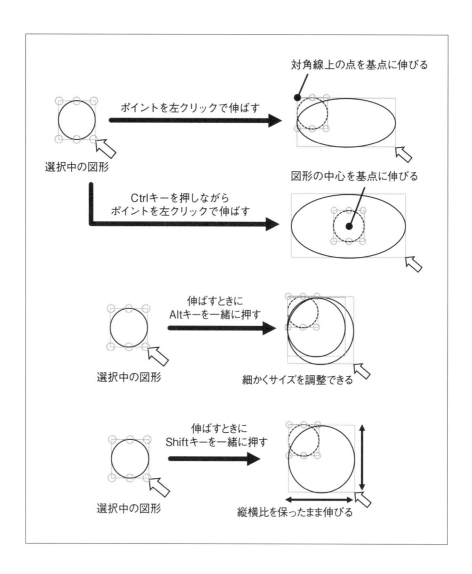

対角線上の点を基点に伸びる

ポイントを左クリックで伸ばす

選択中の図形

図形の中心を基点に伸びる

Ctrlキーを押しながら
ポイントを左クリックで伸ばす

伸ばすときに
Altキーを一緒に押す

選択中の図形

細かくサイズを調整できる

伸ばすときに
Shiftキーを一緒に押す

選択中の図形

縦横比を保ったまま伸びる

＜作成例＞

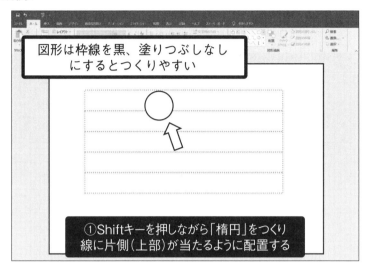

図形は枠線を黒、塗りつぶしなし
にするとつくりやすい

①Shiftキーを押しながら「楕円」をつくり
線に片側（上部）が当たるように配置する

Shiftキーを押した状態では
形はそのままでサイズを変えられる

②Shiftキー押しながら線の幅に
丸のサイズを変える

1 伝わる資料は
誰でも簡単につくれる

2 四角と矢印と線を使って
資料を見違えるほど
分かりやすくする

3 状況に応じて使い分け！
シート1枚で表現する
シンプル資料10選

4 さらに伝わりやすく！
四角と丸だけでつくれる
魔法のイラスト

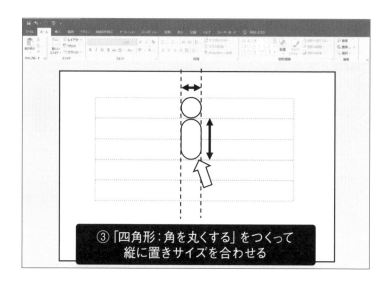

③「四角形：角を丸くする」をつくって
縦に置きサイズを合わせる

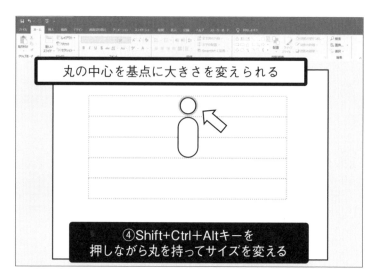

丸の中心を基点に大きさを変えられる

④Shift+Ctrl+Altキーを
押しながら丸を持ってサイズを変える

3. 手、足をつくる

胴体と同様、手と足も「四角形：角を丸くする」で楕円にすればつくることができます。

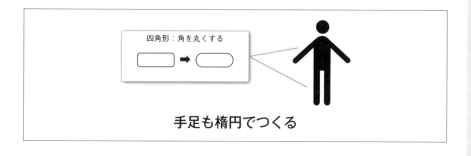

手足も楕円でつくる

人の関節（ひざ・ひじ）を意識して手足を作成します。

そのため手と足は真ん中で折れ曲がるよう、1頭身の長さの楕円を2個ずつつなげてつくります。

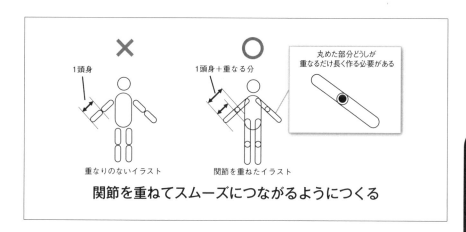

関節を重ねてスムーズにつながるようにつくる

ただし、つながったソーセージのようになってしまうため、手足のパーツは関節が重なる分だけ長くしておきます。

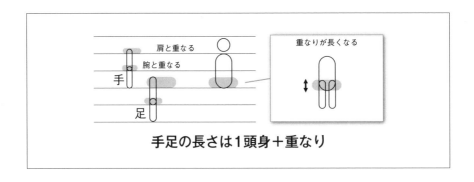

手足の長さは1頭身＋重なり

　手足の太さは胴体の半分以下にし、実際の人間と同じように手は足より少しだけ細くします。

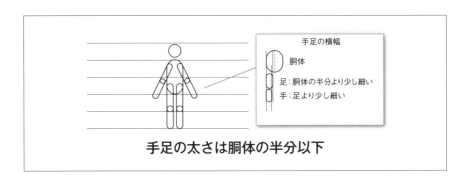

手足の太さは胴体の半分以下

　後で複製するので、ここでは片手片足だけ作成するようにします。
尚、図形の位置はキーボードまたはマウスで位置調整できます。

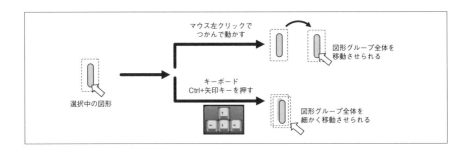

グループ化された図形に位置調整が可能です。

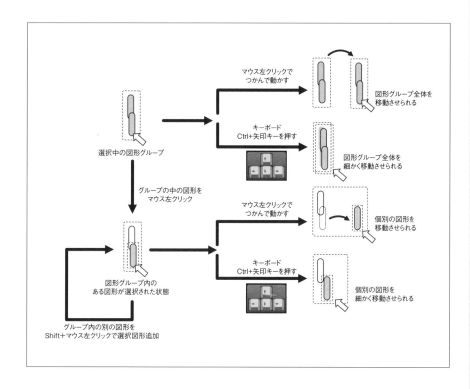

揃えたい位置が決まっているなら、「揃え」機能を使うとすばやく図形の位置を調整することができます。

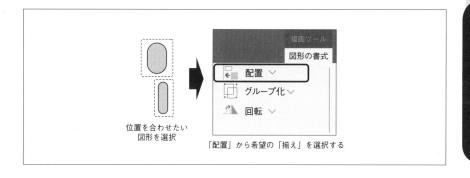

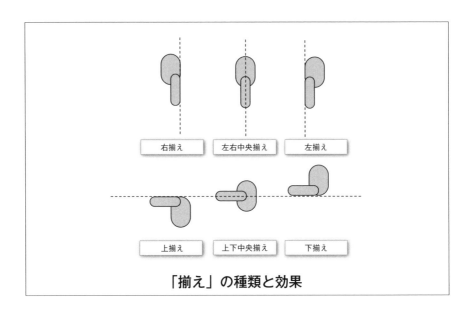

「揃え」の種類と効果

＜作成例＞

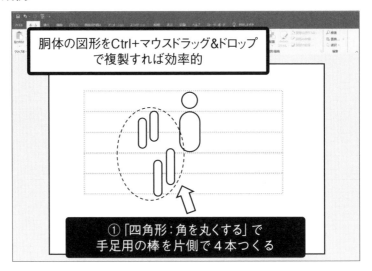

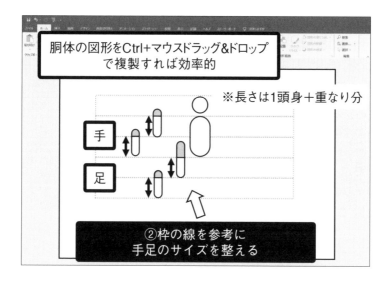

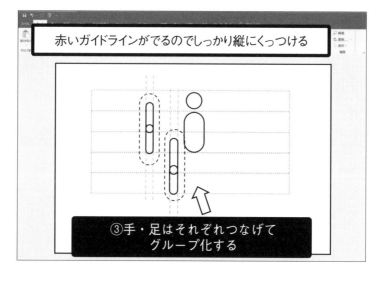

4. 手足を回転させて胴体につなげる

胴体、手足ができたらそれらをつなげて人のピクトグラムは完成です。

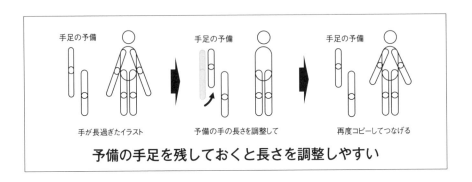

手足が好みの長さになっていない場合に備えて、縦に置いた手足の予備は完成するまで残しておくと、縦横に引き延ばすだけなので長さの調整が楽になります。

＜作成例＞

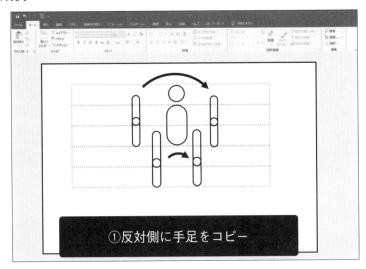

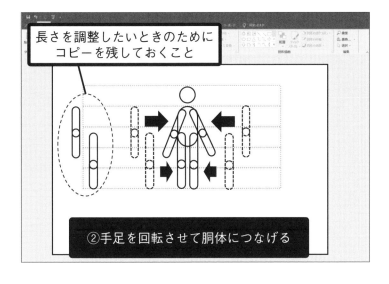

②手足を回転させて胴体につなげる

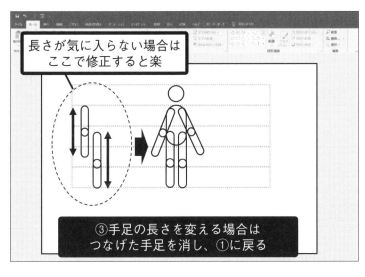

③手足の長さを変える場合は
つなげた手足を消し、①に戻る

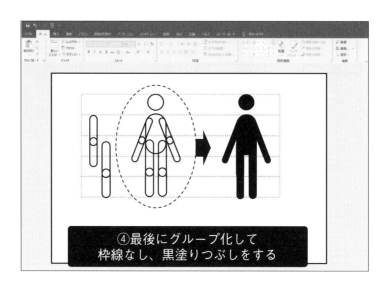

ポーズを変えて使いまわす

　説明したい内容に人の動作やしぐさが出てきたときは、人のピクトグラムを使って資料を分かりやすくするチャンスです。

　しかし、ただ立っているだけのポーズでは表現できることが限られてしまいます。

　逆に言えば、必要なポーズを増やしていけばどんどん使えるシーンが増えていくとも言えます。

講演する　　　　　　　　教える　　　　　　　交渉成立する

動作の数だけ利用シーンが広がる

　本書でお伝えした人のピクトグラムは関節を意識してつくられています。
　関節の位置で手足を曲げることによって図のようにポーズを変えて簡単に使いまわすことができます。

　また、同じテイスト、頭身で作成された人は、誰がつくっても完成度にはムラがでません。

絵のイラストではどうしても描き手によってテイストにムラが出てしまいますが、これが本書でお伝えしたピクトグラムを使う最大の利点になります。オリジナルとなる人のピクトグラムをひとつ決めておき、必要になったポーズや小物を誰かが開発すれば、皆で使いまわすことも可能となるわけです。

　尚、以下のルールを意識すると、より良いポーズをつくることができます。

　つくったままの状態では人のピクトグラムをつくった直後の姿勢は棒立ちです。
　実際にポーズを変えて、新しいピクトグラムを作成してみましょう。

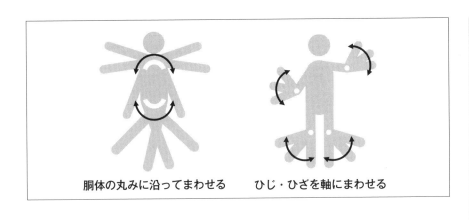

胴体の丸みに沿ってまわせる　　ひじ・ひざを軸にまわせる

　各パーツの関節には丸みがあるため、図のように関節で自由に手足の角度を変えることが可能になっています。

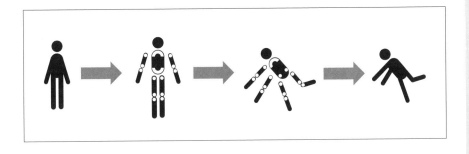

　このように棒立ちの姿勢から関節の部分を回転させ、新たなポーズをとらせることが可能です。

1
伝わる資料は
誰でも簡単につくれる

2
四角と矢印と線を使って
資料を見違えるほど
分かりやすくする

3
状況に応じて使い分け！
シート1枚で表現する
シンプル資料10選

4
さらに伝わりやすく！
四角と丸だけでつくれる
魔法のイラスト

いろいろな動作をつくりたいときは、写真から作図してみよう

　人のピクトグラムは様々なポーズをとれるポテンシャルはありますが、問題もあります。

　ポーズを知らないとつくれないということです。

　いろいろな動作をつくりたいときは、写真や既存のイラストを参考にすると考えやすいでしょう。

　いろいろな画像から参考となるポーズを獲得します。

参考画像　　図形を押し当てて　　ポーズを得る

「丸」と「角を丸めた棒」を当ててポーズを得る

　画像によって身長や手足の長さは違いますが、ポーズを得たいだけなので問題ありません。

　参考ポーズが得られたら、横に置いて人のピクトグラムに同じポーズをとらせます。

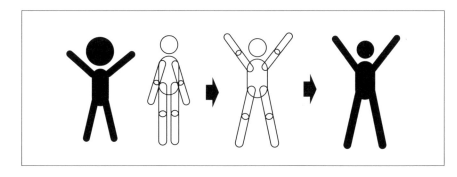

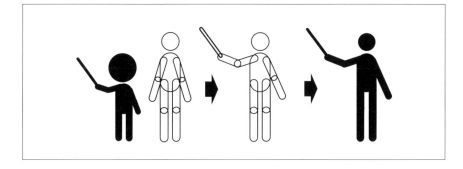

　手足のパーツの角度を参考ポーズと合わせるように変えてあげれば、身長が違っても上手にポーズを再現してあげることができます。同じように人が使う小物なども参考画像からとってくることができます。

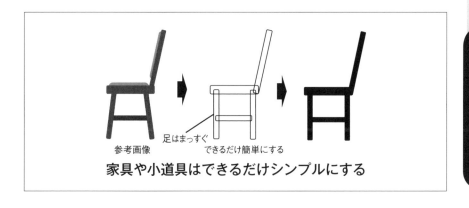

参考画像　　足はまっすぐ　できるだけ簡単にする

家具や小道具はできるだけシンプルにする

小道具や家具は側面または正面からのイラストにできれば人のピクトグラムと組み合わせやすくなります。

大きさ・太さを合わせて座らせる

　図のように椅子の太さなどを調節して人に座らせることもできます。

人と小物で講演会の様子を表現しよう

人のピクトグラムがいろいろなポーズをとれることはお伝えしました。
今度は人と小物を合わせて講演会のような風景をつくってみましょう。

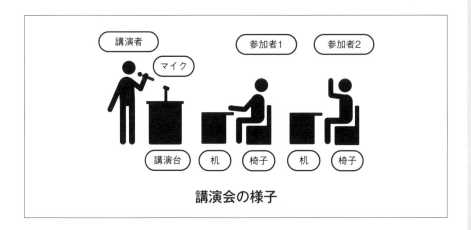

講演会の様子は、図のような登場人物と小物を用意すればつくることが
できます。

実際の講演会の中で、どんなシーンがあるかを想像してつくると雰囲気
が伝わりやすくなります。

参加者をつくる

まず、参加者をつくってみましょう。

1 伝わる資料は
誰でも簡単につくれる

2 四角と矢印と線を使って
資料を見違えるほど
分かりやすくする

3 状況に応じて使い分け！
シート1枚で表現する
シンプル資料10選

4 さらに伝わりやすく！
四角と丸だけでつくれる
魔法のイラスト

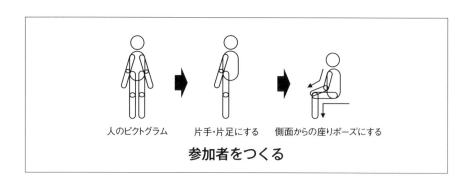

人のピクトグラム　　　片手・片足にする　　　側面からの座りポーズにする

参加者をつくる

　人を側面から見て両手両足が完全に揃った姿勢をつくる場合では、片手・片足を削除した方が見栄えがよくなります。

　ポーズができたら、椅子に座らせてみましょう。

座りポーズ　　　「四角形：角を丸くする」　　　くっつける
　　　　　　　で椅子と背もたれをつくる

椅子に座らせる

　椅子は「正方形/長方形」ではなく「四角形：角を丸くする」を使ってつくります。少しだけ角を丸めた四角を使うとポップで見た目のよい椅子ができます。

　現実では変な感じですが、ピクトグラムでは空気椅子をしているかのように人と椅子の間に隙間をつけます。

　切れ目がはっきりするので見栄えがよくなります。

　次に、参加者が使う机をつくりましょう。

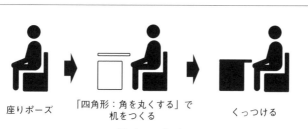

座りポーズ　　　　　「四角形：角を丸くする」で　　　　くっつける
　　　　　　　　　　　机をつくる

机をつくる

机も椅子と同様、角を丸めた四角でつくるようにします。

以上で参加者が1セットできあがりました。

複製して2人にする際、少ししぐさを加えると自然な会議室の感じを出すことができます。

向いている方へ
頭を倒す

視線

後ろを振り向いている　　　手を挙げて発言する

動きを加えると雰囲気がでる

図のように動きを付けた場合、後ろの参加者が挙手したのに合わせて、前の参加者が首を傾ける自然な様子を表現できます。

頭の位置を傾けると、傾けた側に顔を向けているように表現することが可能です。

講演者をつくる

次にマイクを持った講演者をつくります。

実際の講演者はマイクで話す際、顔をマイク側に向けます。それにならい、頭は少しだけマイクを持つ手の方へ向けるようにします。

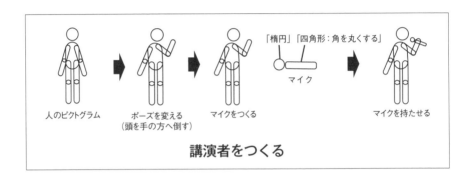

講演者をつくる

次に、講演者が使う講演台をつくります。

今回はマイクスタンドが置かれていることも想定してつくります。

講演台をつくる

講演台やマイクスタンドのパーツはリアリティを無視すれば、すべて側面から見たときに簡単な図形になります。

人が使う小物をつくるときには四角または丸を使って表現できるまでに簡素化すると、簡単につくることができます。

　以上でつくりあげたイラストを合わせれば、講演会の様子が完成です。

講演会の様子

　説明でイラストが必要になったときに応じてポーズをとった人と小物をつくって動作を表現します。
　これを何度も繰り返していけば小物や様々なポーズの人がたまっていくので、使いまわせるイラストも増えてくるはずです。

Hello

Hello

テレビ会議の様子

　例えば椅子と机、それに座っている人を使いまわせば、新たにテレビ会議の様子を表現するイラストにすることだってできます。

他のイラストから学ぶ

　本書で紹介した以外にも、世の中には様々なテイストの人のピクトグラムが存在しています。

　他の人がつくったピクトグラムを見ることでも作り方を学ぶことができます。

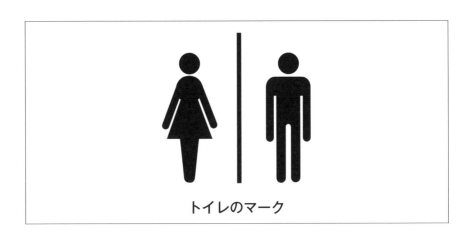

トイレのマーク

　この図は男女別のトイレのマークです。

　男女を見分けられるようにつくられているため、左右で少しずつつくりが異なっているのが見て取れます。

　男性のシンボルはこれまで紹介したものと似てはいますが、肩幅が広く、男性らしさが強調されています。

図形のジャストフィットを探す

　一見難しく見えますが、例えば「四角形：角を丸くする」などの図形を当てはめてみると、意外と簡単につくれてしまうことが分かります。

　手足は本書で紹介した作り方と同じようです。

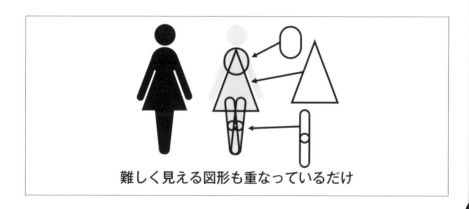

難しく見える図形も重なっているだけ

　女性の方は男性よりも複雑ですが、図形の組み合わせによって表現されているのが分かります。

　スカートの部分も「三角形」で表現できてしまいました。

　このように、一見難しそうなイラストでも、実はシンプルにつくることができるのがピクトグラムの特徴です。

　ピクトグラムでは可能な限りシンプルに人やものを表現しているため、簡

単な図形でつくれるようになっているのです。

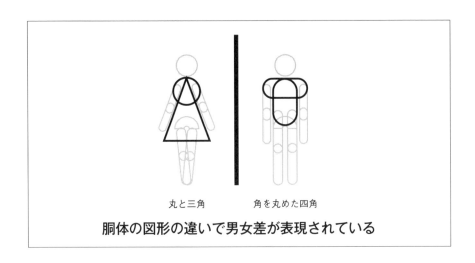

丸と三角　　　　　　角を丸めた四角

胴体の図形の違いで男女差が表現されている

　尚、今回扱ったトイレのマークでは、顔と手足は共通です。胴体の図形を変えることによって、最小限の手間で違いを表現しています。別の人がつくったピクトグラムを自分でもつくってみることで、資料に使えるイラストのバリエーションを増やすことができます。

　この例では、スカートの表現方法、それに男女の違いの出し方が明らかになったかと思います。

イラストの輪郭を強調しよう

　単色のイラストどうしを重ね合わせると、混ざり合ってしまって形が消えてしまうことがあります。

　パワーポイントでは工夫次第で作成したイラストの輪郭をつけることができます。

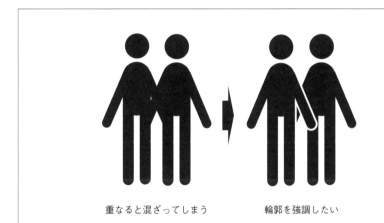

重なると混ざってしまう　　　輪郭を強調したい

　本書で紹介した人のピクトグラムはつくりやすい反面、頭、手足、胴体がパーツに分かれているため、図形の枠線を輪郭がわりにしようとしても上手くできません。そこで、接合という機能を使うことで、構成する複数の図形を1つの図形としてつなぎ合わせ、ピクトグラムに輪郭を付ける方法を紹介します。

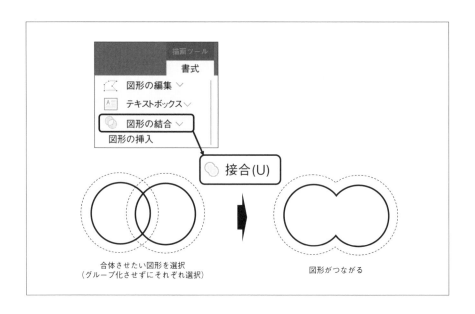

　ただし、グループ化された図形は接合できません。グループ化された図形は一度すべて解除しておく必要があります。

＜作成例＞

①人の頭、手足、胴体、グループ化をすべて解除しておく

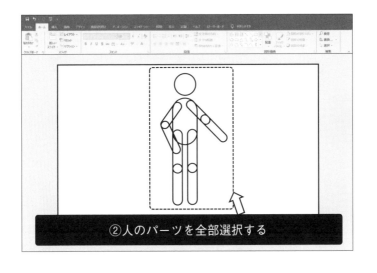

②人のパーツを全部選択する

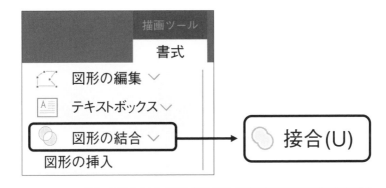

③書式タブの「図形の結合」→「接合」を選択する

④パーツが全部接合するので枠線の色や太さを変えて
輪郭を付けられるようになる

⑤輪郭を付けておけば
重なっても混ざらないようになる

シンプルな小物20選

　パワーポイントでつくれる、よく使われる小物の作り方を紹介します。

　正面、または側面からものを見たときのものは意外にシンプルです。難しい形状を再現しようとせず、丸や四角に置き換えて考えれば見本のようにシンプルな図形だけで作成することができます。

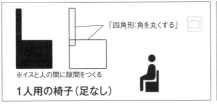

「四角形:角を丸くする」

※イスと人の間に隙間をつくる

1人用の椅子（足なし）

「四角形:角を丸くする」

「四角形:角を丸くする」

1人用の椅子（足付き）

「四角形:角を丸くする」

デスク

「四角形:角を丸くする」

※デスクとの間に隙間をつくるとキレイです

ノートパソコン

「四角形:角を丸くする」
または
「正方形/長方形」

※荷物を積み上げるときは隙間をつくるとキレイです

荷物（ダンボール）

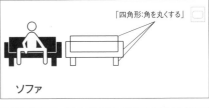

「四角形:角を丸くする」

ソファ

「楕円」

「四角形:角を丸くする」

パソコン（ディスプレイと本体）

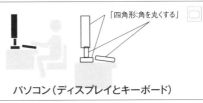

「四角形:角を丸くする」

パソコン（ディスプレイとキーボード）

ホワイトボード

「四角形:角を丸くする」

「楕円」

「四角形:角を丸くする」

書類

「線」で文字を表現する

※破線の種類を行ごとに
　変えると自然に見えます

「四角形:角を丸くする」

タブレット端末

「四角形:角を丸くする」

「楕円」

※液晶モニターは白塗りにします

メール（封筒）

「二等辺三角形」

「四角形:角を丸くする」

カメラ

「四角形:角を丸くする」

「楕円」

マイク

「四角形:角を丸くする」

「楕円」

※細かい形状は気にせずに四角と丸で表す

トロフィー

「楕円」

「四角形:角を丸くする」

コップ

「四角形:角を丸くする」

※取っ手が隠れるように持ってる感じをつくります

教鞭（きょうべん）

「四角形:角を丸くする」

ペン

「四角形:角を丸くする」

「二等辺三角形」

でペン先を付けることができます

トビラ

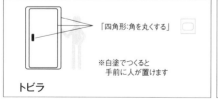

「四角形:角を丸くする」

※白塗でつくると
　手前に人が置けます

台車

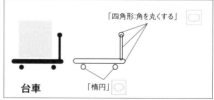

「四角形:角を丸くする」

「楕円」

おわりに

　最後まで読んで頂き、ありがとうございます。

　仕事の中で相互理解がとれていないことによるタイムロスは日常茶飯事です。普段一緒に仕事をしていない人間どうしの会議やプレゼンでは、伝えたいことをすり合わせる相互理解が打合せの大半を占めることになります。

「打合せ時間は30分以内にすること」
「紙1枚で伝えること」

　打合せにおける資料作成と本番の時短は多くのビジネスパーソンの共通課題ではないでしょうか。
　しかし、そう単純ではありません。

　1時間かけて説明していた内容をムリに短縮し、かえって分かりづらくなり、打合せの時間内に議題が完結しなくなるのも問題です。
　説明回数が増えると、前回の内容を思い出す時間が増えてしまい、トータルでは費やす時間が増えてしまいます。

　そして、むやみに必要だった時間を減らすのは、説明する情報量を落としてしまいます。
　打合せ時間を短縮するためには、いかに情報量を落とさず、相手とコミュニケーションをとることができるかが、重要です。
　そういった状況に対応し、資料を明解にしてコミュニケーションを円滑

に行えるのが図解です。

　上手く活用できれば本質的な説明時間短縮も夢ではありません。

「言いたいことを理解してもらうのに時間がかかってしまう」
「説明しても相手が分かってくれない」
「そもそも人に説明するのが苦手」

　私が本書を執筆するに至ったモチベーションは、私も経験したような困りごとを日本または世界からなくすことに貢献することです。

　図解という分野の類書は数多く存在しますが、頭の整理がもともと上手な方に向けられたものが多い印象でした。

　そのため、ノウハウの解説に暗黙知をつくらず、「なぜ」を伝えることによって原理的に理解してもらうように本書では工夫しました。

　皆さまのプレゼンから「分かりづらい」を取り去るために、少しでもお役に立つことができれば幸いです。

◆最後に

　本書出版の実現を後押ししてくださった大沢敬一社長、および会社関係者の方々、本書執筆のチャンスをいただいたネクストサービス株式会社様、本企画をとりあげ、実現頂いた自由国民社様、そして、出版に向けて支えてくれた妻へ。

　皆さまの温かいお心遣いに感謝いたします。

■ **参考文献**

『3D思考　視点を立体的に動かす技術』ディスカヴァー・トゥエンティワン　泉本行志

『トヨタ　仕事の基本大全』株式会社KADOKAWA OJTソリューションズ

『トヨタの会議は30分　〜GAFAMやBATHにも負けない最速・骨太のビジネスコミュニケーション術』すばる舎　山本大平

『なんでも図解 絵心ゼロでもできる！　爆速アウトプット術』ダイヤモンド社　日高由美子

『はじめてのグラフィックレコーディング　考えを図にする、会議を絵にする。』翔泳社　久保田麻美

『武器としての図で考える習慣：「抽象化思考」のレッスン』東洋経済新報社　平井孝志

『エンジニアのための新教養 □○△で描いて、その場でわかるシンプル図解
　　　　何でも伝え、何でもまとめるストラクチャードコミュニケーション』翔泳社　加島一男

『分かりやすいプレゼン資料　1秒で伝わるビジネスイラスト集（デジタル素材BOOK）』
インプレス　CG&ARTWORKS:TopeconHeroes ダーヤマ

■ プロフィール

森川 翔（もりかわ・しょう）

デンソーテクノ株式会社（トヨタグループ）で13年間勤務（現職）。自動車に関わるシステムエンジニア。社内研修のテキスト作成、イラスト作成、講師を担当。

大阪出身、1984年生まれ、36歳。大阪工業大学 電子情報通信工学科を卒業。2007年新卒でデンソーテクノ株式会社へ入社。自動車の走行安全機能に関わるシステムエンジニアとなる。

自動車業界では社外者に対しても専門性の高い説明が要求されるため、口下手も相まって「グラフや文字ばかりの資料」で説明することに限界を感じる。そんな中、グループ会社の研修を受講した際、プレゼンは「言葉を図解した資料」によってぐっと分かりやすくなることに気付く。

パワーポイントを使用して文章の図解を磨くとともに、資料作成の過程でシンプルなイラストを簡単に作るノウハウを会得する。

イラストと図解を組み合わせた資料作りが評価され、「新人向けブロック線図教育」（年間100名規模）、「中堅社員向けクリティカルシンキング教育」（年間30名規模）といった教育企画と講師を任されるようになる。

21年にグループ会社向けに講演した「エンジニア式！ ピクトグラムのつくり方」（250人規模）では「図解する重要性」と「誰でも簡単にできるシンプルイラストのつくり方」を参加者へ伝え、好評を博した。

トヨタグループで学んだ誰にでも伝わる 図解資料作成術!

2021年12月22日　初版第 1 刷発行
2022年 1 月30日　初版第 2 刷発行

著　　　者　　森川翔（もりかわ・しょう）

カ バ ー　　小口翔平＋嵩あかり（tobufune）
Ｄ Ｔ Ｐ　　株式会社シーエーシー

発 行 者　　石井悟
発 行 所　　株式会社自由国民社
　　　　　　〒171-0033 東京都豊島区高田3丁目10番11号
　　　　　　電話 03-6233-0781（代表）
　　　　　　https://www.jiyu.co.jp/

印 刷 所　　株式会社光邦
製 本 所　　新風製本株式会社
企画協力　　松尾昭仁（ネクストサービス株式会社）
編集担当　　三田智朗

©2021 Printed in Japan　ISBN 978-4-426-12771-8